国家出版基金项目
NATIONAL PUBLICATION FOUNDATION

白化文 —— 著

承泽副墨

白化文文集（第一卷）

中国书籍出版社
China Book Press

图书在版编目（CIP）数据

承泽副墨 / 白化文著 . —北京：中国书籍出版社，2017.8
（白化文文集）
ISBN 978-7-5068-6397-1

Ⅰ . ①承… Ⅱ . ①白… Ⅲ . ①随笔－作品集－中国－当代 Ⅳ . ① I267.1

中国版本图书馆 CIP 数据核字（2017）第 200447 号

承泽副墨

白化文　著

图书策划	牛　超　崔付建
责任编辑	牛　超
责任印制	孙马飞　马　芝
出版发行	中国书籍出版社
地　　址	北京市丰台区三路居路 97 号（邮编：100073）
电　　话	（010）52257143（总编室）（010）52257140（发行部）
电子邮箱	eo@chinabp.com.cn
经　　销	全国新华书店
印　　刷	三河市华东印刷有限公司
开　　本	650 毫米 ×940 毫米　1/16
字　　数	210 千字
印　　张	22.25
版　　次	2017 年 9 月第 1 版　2017 年 9 月第 1 次印刷
书　　号	ISBN 978-7-5068-6397-1
总 定 价	580.00 元（全十卷）

版权所有　翻印必究

总　序

　　化文学长与我是同学挚友，我们有共同的爱好，都对古典文学有一点偏爱。不过他的学问广泛，知识渊博，这是我们班同学都公认的。当他七十寿辰时，我给他写了一副贺联：

　　五一级盍簪相契，善学善谋，更喜交游随处乐；
　　七十翁伏案弥勤，多能多寿，定看著作与年增。

　　这里我说的，真是实话。他的"善学"和"多能"，是我最佩服而学不到的。据他片断的自述，我们可以了解到，他少年时就偏爱文科，读书很广，从不死抱着课本不放，而是大量地读课外书。虽然偏废理科，但对于海军史和舰艇知识，却非常熟悉，谈起来如数家珍。上大学时，他不仅认真听本班本系的课，还曾旁听过高班和外系的课。他1950年就上了北大，所以曾有机会听过俞平伯、罗常培、唐兰、王重民先生的课，比我们有幸多了。杜甫《戏为六绝句》之六说："转益多师是汝师。"他的确是做到了"转益多师"的，因此有多方面的资源和传承，成为一个多面手。

他的"善学"，首先是尊师重道。一向对老师尊敬尽礼，谒见老师，总是九十度鞠躬，侍立倾听。直到现在，他讲演、发言时，提到老师的名字一定从座位上肃然起立表示敬意。他写文章时总是先举老师的字再注名，以字行的当然在外。这些礼节已是今人所不懂的了。事无巨细，他总是竭诚为老师服务，真是做到了"有事弟子服其劳"。在他将近知命之年，拜我们编辑行的前辈周绍良先生为师，成了超龄的"在职研究生"。他在人前人后、口头书面，总自称为门生，极为恭敬，比青年人虚心得多。

他的"善学"，体现于学而能思和思而能学。孔子说："学而不思则罔，思而不学则殆。"（《论语·为政》）化文学长是身体力行的。他在上大学之后，总结了自己的学习经验，得出自觉颇为得力见效的四条"秘诀"。

第一条是：

除了入门外语等课以外，大学的课程均应以自学为主。多读课外书，特别是指定参考书和相关书籍，学会使用最方便使用的大图书馆，学会使用各有各的用处的各种工具书，一生得益。

这是最重要的一条经验。我愿意把它推荐给广大青年同学，不过万一遇上了要求背笔记的老师，可能考试得不到高分，那就不要太在意，争取在别的地方得分吧。

第四条也很重要：

老师的著作要浏览，有的要细读。对老师的学术历史要心中有数。这样，一方面能知道应该跟老师学什么，甚至于知道应该怎样学；另一方面，也借此尽可能地了解在老师面前应该避忌什么与提起什么。

这一条是准备进一步向老师学习真髓的方法。每个老师都有独特的长处和学术道路。你想要多学一些课堂之外的东西，就得先做功课，细读老师的主要著作，才能体会出课堂上所讲的那些结论是怎么来的，才能明白老师所讲的要点在哪里。化文学长在四条"秘诀"的其余两条里就讲了要注意讲义之外的"神哨"和听课时要多听少记，都是这个思路。读者有兴趣的话，可以去找他的《对一次考试答案的忏悔》《定位、从师、交流、考察》两文一读。

他的"善学",还在于随遇而安,就地取材,见缝插针,照样能左右逢源,有所建树。化文学长前半生道路坎坷,屡遇困境,但他能边干边学,学一样像一样。徐枢学长分配到电力学校教课,心里郁郁不乐,先师浦江清先生开导他说,"你可以研究电嘛"。当时引为笑谈,化文学长却从中得到了启发,他说:"老师有深意存焉:到什么山上唱什么歌。只要抓住'研究'不放就行。因而我此后每到新岗位,一定服从工作需要,在工作中不废研究,多少干出些名堂来。"(《浦江清先生二题》)他也的确干出了许多"名堂"。有一段时间,他以业余时间帮《文物》杂志编辑部看稿,看了不少发掘报告,从而也学了文物考古的知识,这对后来他研究佛寺和佛教文物很有裨益。同时也因看稿而向王重民先生请教古籍版本方面的问题,得到了许多课外的真传。

他的"多能",就因为他"善学"。大学毕业离校之后,他不仅继续向本系的老师请益,而且还陆续向外系的老师求教,如历史系的周一良先生,哲学系的任继愈先生,东语系的季羡林先生,都得到不少教益。他在师从周绍良先生之后,虚心学习敦煌学和佛教文献学,再和他本职工作相结合,创立了佛教和敦煌文献的目录学,成为一门新的学科。

我们只要看看化文学长这一批著作的书目,涉及好几门学科,就可以知道他的"多能",正是他"善学"的结果。

希望青年一代的读者，能从这些书里学习他"善学"的精神和方法。倒不一定要学那些具体内容，因为人各有志，条件各不相同，所遇的老师又各有所长。就如白先生自称"受益于周燕孙（祖谟）先生最深"，他也深知周先生的特长是音韵、训诂，但他不想学语言文字学，就如实地回答了周先生的探询。他最受益的是周先生给他讲的工具书使用法，而学到的还有周先生礼貌待人、踏实治学的作风，应该说是更重要的。

孔子自谦说："吾少也贱，故多能鄙事。"化文学长少年时并不"贱"，从小在慈母沈伯母的精心培养下，决心要上北大文科。终于，在北大中文系前后读了五年，在北大图书馆泡了六十多年，造就了一位"多能雅事"的传统文化学家，应了浦江清、朱自清两位先生在他幼年时说的预言。沈伯母在天之灵，我想应该含笑点头了吧。

中国书籍出版社要出白化文学长的十本文集，汇为一辑，委托我写一篇序。我与他幸为知交，不能推辞，写一点感想，作为书前的题记而已。

程毅中

2016年8月

目 录

读书与随笔

话说"题签" 002

《锦灰堆》读后 006

《学林漫录》 013

《老饕漫笔》 021

《骨董琐记全编》 025

《大变动时代的建设者》 028

《杨联陞论文集》 032

《冷庐文薮》序 037

《平凡而伟大的学者——于道泉》 044

《古人称谓》评介 048

《联话丛编》序 050

《中华对联大典》序 052

《中国历代官制大辞典》　054

《中国古代生活丛书》　057

《中国民间故事类型》　060

《台湾文化》　065

《宗喀巴评传》　069

《汤显祖全集》和《中国科学技术史·化学卷》　074

《唐诗三百首新译》　082

《宋人传记资料索引补编》　089

朱彝尊与《明诗综》　092

《清人诗集叙录》　100

《清人别集总目》　103

《中国诗话辞典》　110

《中华竹枝词》　114

新版《历代题画诗》　121

《中国古典韵文精选文库》　126

《北京大学史料》读后　131

《北大百年百联》弁言　134

《清代内府刻书目录解题》评介　135

读《彝文经籍文化辞典》 139

《北京大学图书馆藏古籍善本书目》 143

读《弢翁藏书年谱》书后 152

《中国古版画通史》 158

值得注意的系列"书影"著作 164

敦煌与佛教

《敦煌学十八讲》 172

《敦煌文学概论》 175

《敦煌变文集》及其前后 180

《敦煌文书学》与《敦煌学导论丛刊》 189

《英国图书馆藏敦煌汉文非佛教文献残卷目录》（S.6981—S.13624） 198

《法藏敦煌藏文文献解题目录》 202

《敦煌佛教经录辑校》 208

《英国图书馆藏敦煌遗书目录》（斯6981号—斯8400号） 212

《佛教大词典》评介 217

《日本佛教史》读后 220

序言与自序

《宋元版刻图释》序　224

《中国图书出版印刷史论》弁言　226

《古籍整理浅谈》弁言　228

《清代敕修书籍御制序跋暨版式留真》序　230

《五百罗汉》前言　232

《镖行述史》序　239

朱国祯及其《涌幢小品》　243

《中华少年儿童背诵经典（古代部分）》序　256

影印陆机《辨亡论》手卷题记　259

《人名故事与文化意识》序　262

《风雅的诗钟》序　264

《品味书简》序　266

《月无忘斋诗存》小引　267

《清代书刻牌记图录》序　268

《文献学与文献学家》序　269

《江淮雁斋读书志》序　272

《阮籍·嵇康》前言　275

《中学古文全编》前言　278

《学习写对联》前言　*281*

《稽神录》前言　*283*

寿辞、碑文

秋浦周先生欣开九帙庆寿文集征稿小启　*290*

秋浦周先生八十寿序　*291*

恭祝秋浦周先生并沈夫人米寿暨结缡七十载寿序　*293*

选堂先生米寿献辞　*295*

临清季先生九十整寿征文小启　*297*

临清季希逋先生九十寿序　*298*

北京大学图书馆纪念先贤铸像铭文　*300*

中国农业大学校庆铸钟铭文　*304*

文昌院记　*306*

灵山赋　*307*

大唐三藏大遍觉大师游学天竺那蓝陀寺纪念碑碑文　*310*

七塔报恩禅寺新建山门牌楼落成记　*313*

七塔报恩禅寺记　*315*

天寿陵园叙　*318*

周绍良先生夫妇之碑碑文 *320*
阎中雄之碑碑文 *322*
傅亨墓表 *323*
重修国氏族葬墓表 *325*
孟二冬之碑碑文 *326*

附　录
百氏菁华副墨传（原书自序） *328*

《白化文文集》编辑附记 *335*

读书与随笔

话说"题签"

书籍封面、扉页等处题签,似乎与中国书法艺术有密切关联。在下见闻有限,浏览所及,各种文种的外文书中,很少见手写体书法题签的。受中国古代文化影响极深的日本等国使用带汉字的题签,也可归入咱们的汉字题签范围之内。

汉字题签是很讲究的,毋庸在此絮叨。题签者多为书法名家,或是政坛领导,近来也有经济上提供资助的大腕儿,等等。这都是为了先声夺人,使人在展卷前便已明白一点此书的分量。细心而又内行的读者,更可从这里窥见作者与题签者的关系,他们在学术界的地位及彼此间关联的蛛丝马迹,出版者的意图,等等。可惜就此探讨并写出点小文章的太少。

笔者在北京大学中文系1951级读书时,有幸与程毅中学长——就是原中华书局副总编辑，现为中央文史研究馆馆员的那位了——同学，后来成为通家，莫逆。在校时曾戏言，我以后要是出书，一定每本都请他题签。20世纪80年代初，我开始出书了。至今，沥沥拉拉已经出了近30种。这个戏言就当真起来，可是，执行时方知不那么容易。这里面冥冥中似乎有一种"缘分"在起作用呢！

应该说，程大学长的书法自成一体（吴小如老师的评语），也常给书籍题签。如中华书局出的一些书，就是他题的。可他不署名。这就妨碍了他的声名。所以，我为每一本书出版而向出版社提出请程大学长题签时，往往不起作用。后来，我出的书的题签，大致有以下情况：

一种情况是，出版者主动提出，必须请谁题签。这还算是跟我熟悉的，亦即了解我的师承、友谊等关系的。如，我在台湾出的一本关于敦煌目录的书，主编者就指定请周太初（一良）先生题签。另一本也是讲敦煌的书，主编指定请吴小如先生题签。为了能出版，只能照办。再说，也算主编者和出版社对我的照顾吧。老师给学生题签，更属于极赏脸的事。应该说，老师给我题签，都是极为认真的。即以吴先生为例，您老人家的题签，有一位见到后十分赞赏，说是所见题签中最美的，书法水平最高的，马上拍摄下来，回家欣赏去了。

再一种情况是，我请程大学长题了签，出版社没有采用。不知他们是怎么考虑的。天津的一家出版社，还换用另外一位我至今不认识的书法家题写的行书体题签，排印时，书名九个字太长了，排成"L"型。我从此接受教训，出书尽可能不用长书名，并要求排成一行。

还有一种情况是，出版社不接受我的提议，我就进一步建议，干脆用印刷字体排印。典型实例是花山文艺出版社出版的《入唐求法巡礼行记校注》。

综上而言，可见即以题签这一小事而言，也有由多种因素所致的某种缘分存在，不可强求的啊！

这几年，程大学长声誉渐显，很多出版社逐渐明白他的多方面的价值。我的请他题签的建议就很少遭搁置了。典型的如北京燕山出版社，我和我爱人李鼎霞出的书在他们那里，就由责任编辑杨韶蓉女史出面去约请程大学长题签了。

吴小如老师是不肯（我不敢说"不屑于"）加入书法家协会的，大约协会的人也没有登门访问过。可是，据在下浅见，吴老师的书法实为当代一流大家，而且，"当今寸楮人争宝，何待悠悠二百年！"恁老人家由于常为人题签，除了书法本身之美以外，其字面布置与照应也达到出神入化之境地。记得弘一大师说过："字之工拙，占十分之四；而布局却占十分之六。"吴老师可谓得此中真谛者矣！因而，吴老师从来不写简化字题签，盖以其不但单体不美，联起来更难以布置也。

本师周绍良先生出书，向例请友人题签，但只请一次，下次出另一种书，换请另一位。只有一次例外。即出《周绍良先生欣开九秩庆寿文集》时，我请示请何人题签，周先生指示去请吴先生。最近出《唐传奇笺证》时，周先生自己又去求吴先生题签。在下以为，这还不算破例。因为，"庆寿文集"不是周先生个人著作，又是我去求的吴先生。不过，吴先生终究为与周先生有密切关联的书题签两次，也是一种胜缘。

　　且说，这一次秋禾君派我去求吴老师为"六朝松随笔文库"题签。吴老师又一次申明不写简化字，我立即答应。

　　因叙其因缘于此，以志又一种胜缘。

2002年1月20日

《锦灰堆》读后

《锦灰堆》是王畅安（世襄）先生的自选集，汇集了王老80岁以前的重要研究论文和吟哦创作，计三卷三册。其"出版说明"略云：

一、二卷收集了他80岁所写的大部分文章，计105篇，编为：家具、漆器、竹刻、工艺、则例、书画、雕塑、乐舞、忆往、游艺、饮食、杂稿等12类。共有线图234幅，黑白图424幅，彩图255幅（化文按：第二卷之末，附载有《王世襄著作目录》。计31种）。

三卷选收历年所作的诗词120首（化文按：还有赋、铭等体裁作品，由他和夫人袁荃猷手书影印）。

此书书名，俭腹之士如笔者等难于索解。王老于首卷卷首有手书说明，云：

> 元钱舜举作小横卷，画名"锦灰堆"（见《石渠宝笈初编》《吴越所见书画录》）。所图乃鳌铃、虾尾、鸡翎、蚌壳、笋箨、莲房等物，皆食余剥剩，无用当弃者。窃念历年拙作，琐屑芜杂，与之差似，因以《锦灰堆》名吾集。

这当然是王老特别谦虚之处。

此书由三联书店于1999年8月初版，一出名世，风行一时，已经再版。初版时王老掷赐一部，回环雒诵，偶有所感，不能已于言，提出请读者指正。

我国的手工艺、技艺、农林副业技术和其他科学技术，有数千年的独特的深厚传统，独得之秘极多。

但是，一方面，我国古代统治阶层轻视体力劳动中积累所得的大量知识或者说是科学技术的宝贵成果，很少发动和组织记录并总结。

另一方面，劳动人民中的大多数又缺乏文化，往往师徒口耳相传，手把手地传授，而限于执笔能力差，不能很好地将经验和工艺流程等笔录下来。

再则，工艺中的绝艺，诚如《庄子·天道》中轮扁所说:"得之于手而应于心,口不能言。""臣不能以喻臣之子,臣之子亦不能受之于臣。"但是,话又说回来,轮扁自己也说:"有数存焉于其间。"这就是说,有一定的客观规律可循。不过轮扁限于本身种种条件,"口不能言"而已。这就需要有一定的动手兼动脑能力的人参与进来。

应该说,我国古代知识阶层不乏注意科学技艺的人物,记录各种科学技术与技艺的著作还是相当多的。但限于我国古代科技总体水平的限制,以及与之相关的思想认识的局限等种种情况,往往只能做到经验的说明和现象的记录,提高不到能抽取事物本质,并具有某种逻辑结构的可以与事物对照地进行深入说明的水平。

同时,古代以至近现代搞这种记录和研究工作的人,常常是对所从事研究的那项事物产生浓厚兴趣的人,这本是一件好事,《论语·雍也》篇中有云:"知之者不如好之者,好之者不如乐之者",是促进学术发展的一种强大动力。可是,许多学者往往陷入兴趣或说乐趣之中,入乎其中而不能自拔,津津乐道者是此中之乐,最多到达罗列、描摹所研究的事物的境界,而达不到建立有科学方法支持的学术架构,并用一定的实物内涵来充分地加以说明的程度。

例如,王老这部著作中重点研究的某些鸟类如鸽子,秋虫如蟋蟀,古人以至近现代的著作也不少。如同属北京人作品的,古代且不论,现代人经常提到的代表作有于照(非阘）的《都门豢鸽记》（民国十七年《晨报》馆刊本）、李大种的《蟋蟀谱》（民国十九年作者自刊本）等，从学术高度来看，都只可算达到欣赏者或者说是内行里手的"位业"（借用宗教术语），而没有达到有目的、有计划地感知和描述此项事物的科学认识水平。

这与王老的专业学术水平大有差距——王老是燕京大学研究院和故宫博物院前后精心培养出来的，还在北美实地考察过博物馆事业，具有深厚的新型的科学学术业务基础。难得的是同时具备同样深厚的"老底子"；更难得的是"乐之者"的深切爱好和喜爱总结写作，并养成了优越的执笔能力。"四美"具矣。

观察文物、古玩业研究的兴衰和行市的涨落，颇能看出国内以至国际安定繁荣的程度。

第二次世界大战后，解放战争时期，直到"文化大革命"后一小段时段，国内内地这方面一片凄凉甚至阴森景象。香港则在战后逐步复苏，并与国际同步而趋向繁花似锦。内地改革开放后，王老的大批著作得以在内地、香港、台湾和国外相继公开问世。从此一斑以窥世界大势之全豹，令人深受鼓舞。也正是借助国内外各方面大好形势，王老的学问才能一步步展开在人们面前。

"时艰方用武，儒者任浮沉。"杜甫这两句诗，确实是道出中国千百年来民族苦难中读书人的命运啊！

北京乃旧国乔木之区，自民国初到解放前，一般的民宅虽有贫富之分，宅院内外一切摆设装饰，以及室内陈设，三十多年一贯制，几乎很少改变。与上海、天津等码头相比较，令人顿生时间停滞的感觉。这与当时国家经济衰败，民穷财尽等等状况有密切联系。自《洛阳伽蓝记》以至《东京梦华录》《武林旧事》，中国人早已建立了一系列的"山河在，草木春"类型书系。蒋介石迁都南京前后，遗老遗少把北京当成文化首都，怀人吊古之作层出不穷，不让前人。

　　然而，带感情的笔记型故事多，科学的总结书籍少。解放后直到改革开放前，特别是在"文化大革命"横扫一切之时，山河草木固然尚在，盆盆罐罐包括老式家具、文玩等等被砸烂毁坏了不老少。笔者就见过一位老木工用硬木家具（红卫兵小爷砸烂后捡起来的残余）改制成若干木工工具，如刨子、锯棍等，用起来真是得心应手。此人早年制作过仿清式硬木家具，十分内行，苦笑着对我说："早晚有一天，我这点家伙值大钱了，非上展览会不可。"现在呢，新造的仿古硬木家具，连同解放初一般市民家里的那点破烂家什，都分别开进了各自的展览馆啦！

　　笔者前两年听舒乙老兄谈过香港和国际市场硬木家具、文玩等拍卖的飙升实况，以及鱼龙混杂的现实，才恍然于王老研究业绩之伟大，此项工作的现实性、必要性，及其及时与迫切。

王老乃世家子弟，深受旧京文化氛围感染，见多识广，又一直从事与中国古代文化密切关联的工作，益发眼界开阔。

笔者浅见，先秦诸学派中，庄子一派大多出身败落知识界阶层，与劳动人民生活靠近，而且接近大自然。他们比较熟悉工匠，赞美匠人的高超手工技艺，惊叹："道也，进乎技矣！"他们了解并欣赏某些动物，如鱼和马。

因此，不宜一概而论，说中国古代读书人都四体不勤，五谷不分。墨家后世无传，赞赏和记录科技绝艺的，似乎多少都有点庄周血脉（在这一点上，老与庄大有区别。老子"绝圣弃智"），当然也不乏儒家经世致用的成分。从另一方面说，庄学一派傲视权贵，不事王侯，但也能与社会在某种程度上调适，"彼且为婴儿，亦与之为婴儿"。其实，中国古代以至近现代，大多数读书人的一生都坎坎坷坷，其间调和心态的，基本上还得仗着庄生。

笔者斗胆放言：

王老与朱家溍这两位老先生，堪称北京旧家子弟中绩学上进之最佳代表。关于朱老，容当另文申述。

且说王老，笔者认为，他这大半生基本上是活得有滋有味，活出了自己的风格，创造出自己独特的学术来。国家培养出这样一位国宝级人物相当不容易。王老从本身的主观条件方面做了大半生的积累，其代表成果之一，便是《锦灰堆》一书。又有数十种专业书籍环绕在此书周边。难得的是心态平和地熬过这几十年。国家自改革开放后二十来年,一直呈螺旋式上升。宽厚的客观条件给王老以大展身手之区。"二难"并矣!这些,哪能让晚学没有欣慨交心之感呢!

东京人物梦华余!

（原载于《书品》2000年第5期）

《学林漫录》

《学林漫录》初集于1980年6月出版,傅璇琮学长在《编者的话》中说:

> 不少文史研究者或爱好者,愿意在自己的专业领域内,就平素所感兴趣的问题,以随意漫谈的形式,谈一些意见,抒发一些感想。而不少读者,也希望除了专门论著之外,还可读到学术性、知识性、趣味性相结合的作品,小而言之,可资谈助,大而言之,也可以扩大知识面,开阔人们的眼界,启发人们的思想,丰富人们的精神生活。《学林漫录》的出版,正是为了适应这样的要求。

至于《学林漫录》的编辑方针，编者说：

《学林漫录》的编辑，拟着重于"学"和"漫"。所谓"学"，就是说，要有一定的学术性，要有一得之见，言之有物，不是人云亦云，泛泛而谈，如顾炎武所说的"废铜"。所谓"漫"，就是上面说过的不拘一格的风格与笔调。杜甫在他定居于成都时，写了一首《江上值水如海势聊短述》的七律，有这样两句："老去诗篇浑漫与，春来花鸟莫深愁。"是很有意义的。杜甫在他后期，诗律是愈来愈细了，但自己却说是"漫与"，似乎是说诗写得不怎么经心了。这是不是谦词呢？不是。老杜经历了大半生的戎马战乱，在离乱的生活中积累了丰富的实践知识，稍有闲暇，又读了不少书，只有在这样的深厚的基础上，才能写出"浑漫与"三字，就是说，看来不经心，其实正是同一篇诗中所说的"语不惊人死不休"。拿杜甫这首诗中的诗句，来为我们这本书的"漫"字作注脚，恐怕是合适的。

到了1985年8月，《学林漫录》"采取书的形式，不定期出版"，竟已出到第十一集。

第三集《编者的话》中曾乐观地说：

"在我们最初的设想中，这样的书，一年编两本也就差不多了。但实际情况却打破了原来的估计。"

其实,后来出得并不快,七年出了十一集,未必比最初的设想要强。慢腾腾的,真让读者着急。但无论如何,《学林漫录》是出到十一集了,回顾一番,我觉得,它的确"别具一格,新颖可喜""办成了学术窗口"。其中,重点突出且又成绩斐然之处,拙见以为,端在以下三方面:

一方面,确切而又亲切,"以亲身经历,记述了我国近代有建树的艺术家、学者、作家的事迹""读来使人感到亲切,而又受到教益"的文章,几乎每集都有几篇。

当然,《学林漫录》中的此类文章,有其特殊的风格与特点。正如黄永年先生在《记童书业先生》一文中所说的那样:正规的"传略"总有点"宣付国史馆立传"的味道,限于体例,很难把传主的音容笑貌以及遗闻轶事充分写出来,而真正了解一个学者的精神面貌,遗闻轶事的作用至少不亚于履历表和著作目录。这才使我体会到古人在撰写严肃的碑传外,为什么还要在文集或笔记里留下一些某某名人的"别传""外传""轶事"之类。

按黄先生说的这种写法,没有亲炙于大师之门的人,绝对写不出来;还得写生动的"别传",而非"正传"。难啊!可《学林漫录》要求的正是这一点。永年先生几篇名作是做到了,其他名家结构尚多,兹不具论。但因近来为社会科学家写传的事儿正如风起云涌,所以不能算《学林漫录》

独家经营,只不过《学林漫录》发表的这类文章多为名家写名家,水平忒高罢了。

　　拙见以为,属于这一范畴的,最称"本色当行"的,倒是在书局中人对书局先辈的回忆。这是外界人士万难越俎代庖的,又是常遭外界忽视的。人们愿意给大学问家立传,可很少会想到为作者和读者默默地付出辛勤劳动的人们。又因写这类传带强烈专业性,非个中人难着一字。准"物以稀为贵"之原则,偶然出现一文,便会受到上下内外的关注。

　　《漫录》四集是"中华书局成立七十周年纪念专辑"。

　　打头的一篇,是总编辑李侃同志的《回忆灿然同志》。金灿然同志是解放后中华书局调整为专业出版社后的第一位领导人,新的中华书局的诞生与成长,是与他分不开的。至今,局里的老人儿,仍尊称加爱称"金老板"。其遗爱之厚,工作方法与作风入人之深,可见一斑。书局大庆之时,晚辈职工怀念他,是极其自然的。

　　李侃同志的文章是生面别开的一篇革命回忆录,重点讲金老对局内外老中青知识分子的培养与放手使用。拙见以为,这才是金老留下的最宝贵的遗产。今日,看局内,他亲自培养的后来人,把家业又拾掇得花团锦簇;论局外,当年联系的老中青知识分子何止数百十人,于今大地春华,遍青山啼红了杜鹃,春色如许,未尝不可看作是对培育者功绩的悼念。

再有两篇文章，也应提出来说一说，即：

《作者的知音——记徐调孚同志》，周振甫先生所写。

《追忆调老》，程毅中、傅璇琮、沈玉成三同志所写。

两文同载于《漫录》五集，都是追忆出版界先辈徐调孚老先生的，情真意切，平实而动人，足传调老精神风貌。近年来为各个科学部门的自然和社会科学名家立传不少，专书时见，只是冷落了出版界。编辑和出版工作人员年年辛辛苦苦，忙于为别人制作嫁衣，到头来，却很少有人想起将他们介绍给读者。这太不公平。应该有人多为他们树碑立传。可话又说回来，不是内部人自己写，别人哪知其中甘苦呢。

第二方面，有那么几篇文章值得注意：它们同属于"文史资料"，过去充其量只能"内发"，因为有替"封、资、修"张目之嫌。遭逢盛世，方有《漫录》，方有此数文面世。而且，投石冲开水底天，荡起一池春水焉。

一篇是《"傻公子"作出的"傻贡献"——嘉业堂藏书楼的过去和现在》，许寅作，载于八集。解放后讲书史和图书馆事业史的人，多不涉及刘氏嘉业堂、陶氏涉园，盖以其有地主资本家嫌疑，视为禁区。此文是有关嘉业堂情况的第一篇调查报告，翔实生动，有极大的史料价值。听说也产生了直接的现实影响——

笔者于1986年初夏在杭州风闻，浙江省有关领导看了此文，小有讨论，责成浙江省图书馆积极设法整理恢复。同时，嘉业堂后人刘祈万先生本来赋闲，现已安排在文史馆工作。看来，此文对图书馆和文献工作，对统战和落实政策，都还起了些推进作用呢。

还有另一组相辅相成的两篇文章，均载于八集：

《洪煨莲先生和引得编纂处》，王钟翰作。

《逝水飞尘二十年——忆聂崇岐先生》，段昌同作。

哈佛燕京学社引得编纂处自1930年秋正式成立，至1952年秋由院系调整后的北京大学接收并撤销，除1941—1945年太平洋战争时期停止工作外，共存在19年多，就说20年罢。人员不多，效率甚高，共编出《引得》64种。其经验极值得借鉴。

可惜解放后很长一段时期不能辩证地对待它，认为是给帝国主义服务的机构，其产品也就是洋人水平低才使用罢了，咱们博闻强记用不着它。有识者也怕沾上美籍华人和白专路线的边，每为之裹足。解放后到1981年为止，只有聂崇岐先生自拉自唱的一篇《简述哈佛燕京学社》，还是登在《文史资料选辑》上，内部发行，仅供参考。

1982年以后，才有解冻的几茎新芽出土，其中权威性的全面介绍允推王氏此文。段氏的文章从侧面反映了引得编纂处实际工作负责人聂先生的晚年生活，也是难得的文献。

编纂古文献索引的工作现在正方兴未艾，仅中华书局解放后所出，连重印解放前旧作和书后索引在内，已有百种以上（据1985年底统计为99种，1986年又出数种）。可惜国家级的编纂机构尚未有编组之议。总结引得编纂处的经验，对我们是有现实意义的。

回忆"无锡国专"的文章分载四集和九集，那是受到领导和有关人士注意的。此校出身的古文献研究人才忒多，其办学经验颇可供当代办文科院校者借鉴。有人告诉我，原教育部为此开了座谈会。据说上海某校开办了模拟试验班，北京大学附中也想办个班试试。看来，在《漫录》上登文章，还真起到了连锁反应呐。

第三方面，是吴小如先生的系列论著《京剧老生流派综说》，曾引起读者广泛的兴趣和注意。

吴先生的文章扩大了《漫录》的读者面。查《漫录》读者，专业性甚强，也就是古文献系统覆盖面之下的那些位，其中，中老年专家较多。笔者每在陪侍中听到老前辈讲，看《漫录》有所得，也喜欢看。这是《漫录》能吸引老专家的一大长处。

又一种典型的代表是笔者的童年老友、北大化学系同位素研究室的倪葆龄先生，捧着吴先生大文，寝食俱废，连呼："全是干货，全是干货！"不过，没有吴先生的专稿，《漫录》他是不看不买的。他属于业余爱好者系统。又，据说19世纪30年代，英国一老者弥留时叹曰："感谢上帝，《匹克威克外传》总算连载完了！"传为文坛佳话。

无独有偶，我听说，有一位肺癌晚期的在我国工程技术界颇有建树的长者，于平静的回光返照中，对自己的一生是满意的，别无眷恋，只惦记着要看看吴先生对马连良的评议最后究竟如何。

　　以上略述《学林漫录》读后感。某君读稿至此，诧曰："你这篇文章，有些地方显得局促，回翔不够；好些处又不像你的风格。就是删除风月，也要留点精神。"

　　我说："编辑文风久已定格，对我还是特别宽大的。"

（原载于《书品》1987年第4期）

《老饕漫笔》

平生最爱读明末清初史学家兼散文家张宗子（岱）的《陶庵梦忆》和《西湖梦寻》，窃以为张氏的散文实在是达到了晚明"性灵"一派文字的顶峰，虽与此前的公安、竟陵两派有传承关系，但其成就远在两派任何大家之上。

现在读赵珩（名"履坚"，以单字行）世兄《老饕漫笔》（三联书店2001年版），蓦然间，同样的阅读感触强烈地腾上心头，驱之不去。时兴比较文学、比较史学之类的比较，较其同亦较其异。何不自此入手，小作议论呢？

如今海内外旅游之风大起。相应的导游手册、名胜介绍之类的书籍、杂志十分流行。种种怀旧文字也层出不穷，真令人发思古之幽情，可是，以"老北京""老扬州""老杭州"等身份客观介绍者多，大体上类同导游的讲解或风俗史、民俗史的详细说明。这些材料都极有用，但它们的缺点在于很少摆进去自我。这也是体例所限。

但是，据在下有时参观文物展览的体会，讲解员讲，和听发掘者或某石窟的多年老看守者自述，绝对有不止上下床之差。这就是其中包括有没有把自己的思想情感摆放进去的问题。张岱与赵珩笔下都投入和融会了自我，宜其迥异凡流也。

赵珩世兄是老北京，书中所述，自以老北京之事、之饮馔为主。习见的有关老北京的文字，通性有二，一是不甚摆进自己，常作客观反映；二是人云亦云，说来说去总是豆汁儿、炸酱面、仿膳的肉末儿夹烧饼、驴打滚儿等等。

总此二者以言之，不是不能再谈，而是得有自己的真实感受，并且能推陈出新，也就是了。我们看赵珩笔下的喝豆汁儿，主要写两次，真有令人身临其境之感，他喝这个，还是个雏儿呐！还有对地道的肉末儿夹烧饼的介绍，足够外地人学一阵子的，可是，再持以对照今日带汤儿的炒肉末儿，刚晋京的老广八成得跟"堂倌儿"过不去啦！

赵珩此书中一大特点，是视野开阔。即以谈论老北京而言，书中第125页有一段重要的分析，节引如下：

> 记述昔日北京社会生活……从时间来说，虽然去之不远，但随着现代社会日新月异的发展，已经很快地被

人们淡忘。重要事件，有史记载；生活末节，却少有专著，因此更显得这些社会生活史料弥足珍贵。这些社会生活史料的基础，大多源于最广泛的市民生活，虽是零金碎玉，拼拼凑凑，也能形成某一特定历史时期生活与社会的写照……

我主张说古记旧应以亲历、亲见为宜，起码也应是亲闻……另一方面，北京是一个多层次的社会，无论在任何一个历史时期，社会生活都是多元化的，任何一种生活形态与方式，以及围绕着这种生活方式而产生、出现的谋生手段与社会服务也是多方位的。无论是大场景，还是小角落，都是整个社会构成的一部分。

窃以为，这"另一方面"中的某些阶层的人和事，过去很少有人写到。甚至未必想到那也算作老北京生活的一部分。有之，则首推赵珩此书矣。

"从法国面包房到春明食品店""中山公园的藤萝饼""忆'灶温'"（北京人念作"遭瘟"），还有那追忆西餐馆的几则：《忆吉士林》《忆华宫》《俄国老太太》，真是令我们这些经过解放前败落，开国全盛时，又熬过大革文化命，直至今日者，哪能没有世事沧桑之感呢！虽然多为写实，并且轻描淡写，可翻从漫叙见辛酸，更有如听懒残梵唱。

"漫笔"虽自老北京生发，但所记遍及各地。赵珩是随处留心之人，限于此书内涵体例，只可以"说嘴"为主，可是，透过现象，细心的读者能体会得更多。台湾游子积淀的乡愁，老东安市场使人留恋的种种，娓娓道来。还有那随时"掉"（意近于"甩包袱"之"甩"）出的"书袋"。其综合实力与对今人的感染力，当出张宗子之右矣！

　　据有人研究，上述张岱的两种著作，具有散漫的自传性质。赵珩此书体例，可说是自发地从同。他是多年老编辑，真有跨灶之兴也！经过多年文笔锻炼，散文竟写得如此活泼清新，幽默诙谐；不论写景抒情，叙事论理，都趣味盎然。尤其是多篇结尾，有不尽之思，大、中学学生作文当取法焉。更有那文中铺垫，都是神来之笔啊！

承泽副墨

《骨董琐记全编》

当代的文科大学生中，知道邓文如（之诚）先生的人恐怕是不多了。可是，三十年代到五六十年代，邓先生是名重一时的名教授。莘莘学子以一登龙门为荣；我在1952年院系调整时才进入燕园，虽然与邓先生的两位公子邓珂、邓锐二学长都有一面之雅，但因所学专业不同，缺乏登堂的勇气，只能偶尔远远地瞻仰邓先生蔼然仁者的仪表而已。

但是，我通过课外学习邓先生的主要著作，如《中华二千年史》《骨董琐记》，对邓先生的学术有了初步的了解，进而达到十分敬仰的程度了。就以《骨董琐记》来说，我是和陈援庵（垣）先生的《中华佛教史籍概论》先后阅读的，当时惊于此二书之浩瀚，同时觉得对初入门者的启发无处不在，真是如陈先生在后一书的"缘起"中所说的那样：

"初学习此,不啻得一新园地也。"

回想起来,当年我所读《骨董琐记》老版本,还是线装六册的那一种,即《骨董琐记》八卷(再版本)和《骨董续记》四卷(1933年初版本)合在一起的六册本。无新式标点。我是凑合着读,对当代的青年人来说,这个版本恐怕就很不相宜了。1982年,邓珂大学长将原书的《全编》(1955年三联书店出版,收入琐记、续记并加入六卷本的《三记》),补上《松堪小记》,混合整理成《骨董琐记》的新版本,由中国书店出版,内容最全。现在邓珂大学长已逝世数年,中国书店出的那本也早已售罄。北京出版社鉴于此书在考释文物、考证史实等方面具有重要的学术价值,请我的大学长赵丕杰先生重新整理标点,出版了全新的《骨董琐记全编》(北京出版社1996年出版),是为迄今为止最完善的版本。

邓珂大学长的整理本中,首列他所写的"前言",对此书的价值作了很恰当的评价,可惜北京出版社本未能附录,建议再版时摘要节录其中要旨。兹先录其首段如下:

> 我国历史悠久,古籍浩繁,以史书而论,除所谓正史之外,还有政书、杂史等多种。若按《四库全书》经史子集分类而言,则凡属于文献资料的,都应是有用的史料或记载。史部书固然涉及的门类很多,其中不少为科技史料,然而子部书涉及哲学思想、科技文化等方

面的内容尤为广泛，门类则更为复杂，内中如谱录、杂考等类书，于读史者所考证事物至为有用，但从体例上看，如谱录仍有所谓专记与杂记之别。专记者大致分为金石、草木、鸟兽、虫鱼诸类书；杂记则兼及掌故佚闻等随笔之类。如宋代朱弁《曲洧旧闻》和洪迈《容斋随笔》等书皆是。而《骨董琐记》一书，则兼专记与杂记合为一书，自成一体，这正是本书所具有的特色。

笔者以为，这段话实在能道出《骨董琐记》独到之处，知父莫若子，邓大学长是能读父书的人呐。

此书问世后，引用者不乏其人。如大学者、学术界泰斗陈寅恪先生，在其大著《柳如是别传》的最后一页，还引《骨董琐记》卷七中"钱蒙叟墓"一条，并明确注出出处。

至于许多人暗中使用而不注出处的，转贩倒手多次连祖坟都找不着的，想必就更多啦。此书之津逮学人，非一代也。

它自陆续问世的70年以来，似断似续，至今日始成定本，其间有两代三人的心血，更赖北京出版社这样的知音重新培植。笔者以与邓、赵两学长及北京出版社之因缘有自，走笔以记之，借以窃附其末，不免欣慨交心之感也已。

是为读后记。

（原载于《市场导刊》1997年第2期）

《大变动时代的建设者》

《大变动时代的建设者》这本书，是张元济先生的传记。著者是我的老友汪家熔。四川人民出版社1985年出版，是《走向未来丛书》之一种。

张元济先生，字筱斋，号菊生，浙江海盐人。1867年生，1959年8月14日在沪逝世。张先生是中国人民政治协商会议第一次全体会议的特邀代表，后当选为全国人民代表大会代表。

张先生是中国近现代史上一位有远见卓识的先驱者，一位有才能有学力的事业家。他一生都处在时代的大变动漩涡边沿。他在清末光绪年间中进士，曾任刑部主事、总理各国事务衙门章京。他参加维新运动，1898年戊戌政变时被革职。此后在上海致力文化事业。自1901年进入商务印书馆后，在半个多世纪中，他呕心沥血，开拓前进，为中华民族的文化积累和继承发展做出了卓越的贡献。《走向未来丛书》中树他为从过去一步步踏实地走向新中国的一位榜样，张先生当之无愧。

为张先生作传，较早有1984年商务印书馆出版的我极为敬仰的学术界老前辈王绍曾先生所写的《近代出版家张元济》一书。王先生曾追随张先生多年，这部书以少而精见功力。汪家熔同志供职商务印书馆，近年来整理、校点《张元济日记》等书，不仅为张先生功臣，而且早成为研究张先生的专家。特别在占有第一手资料方面，堪称腹笥武库。王先生为张先生作传，于汪君实利赖焉。汪君自著此书，则又别出机杼，与王先生大作二水分流，堪称双美，以两书参互比观，更可看出汪作特色。

试为抉出一二：

王书以记述论议为主，使用材料仅为手段。而汪书则组织第一手材料，让材料自己说话，引出结论。书中全用第一手材料，实为难得。可是，如果只盲目相信某些第一手材料，不加别裁判断，也容易造成迷误。

近代中国社会中，机变万端，有时以变易为常，贤者亦蹈之而不疑怪。如乡试与会试原卷中所开履历、籍贯、年岁，常因某种情况而作改易，习以为常，并不认为"欺君"。张先生乡试报小两岁，会试报小六岁，若据原卷以定生年，则缪矣。张元济先生生年，旧曾有1866年与1867年二说，汪君查阅家谱，并据日记等处所记，逢"六"之年（按中国旧俗，逢"七"之年生人，则在逢"六"之年办整寿）生日前后一次去杭州、一次去莫干山避寿之事实，证明系生于1867年，现在已成定论。王先生即采用此说。类似的考据，书中随处皆有，不再一一拈出。

使人感到十分惊讶与欣快的是，此种考据如行云流水，与全书的叙述化合为一体，同时，并不孤立地记载张先生行履，而是把张先生与当时的社会有机地联系起来，作为其中活跃的一员来描绘，周围环境交代得十分清楚，读后能使人增加不少近代史常识和专业知识。作者的深厚学力、功力可说透纸而出。

张先生为什么能在出版事业岗位坚持60年，其思想动力何在，一直是学界聚讼纷纭的问题。本书采用第一手材料，即商务沪馆函件中严复的信，说明：用出版推行教育救国，张先生早年所信奉，以后恪守不渝。虽有所发展，但主导脉络始终不离此线。汪氏书中这一论断，材料过硬，使人信服，足解群疑。可称对张先生思想行事研究中的一大突破。

此书不免小疵，也试举一二：

第257页，引《和沫若先生归国书怀并步原韵》诗，是张先生诗中名作。书中扉页后亦有缩印原件照片，经比对，第六句"编规泽袍更陈诗""编"应是"偏"字；"泽袍"

二字，张先生在其右方各加一点，乃是旧式颠倒符号，应倒改为"袍泽"。此句应是"偏规袍泽更陈诗"。

第273页中写到"甘家侯"其人，此人实名"甘介侯"，曾是李宗仁的亲信。

小疵不掩大醇。此书实是值得一读之力作。

（原载于《人民政协报》1986年3月7日4版）

《杨联陞论文集》

《杨联陞论文集》，中国社会科学出版社1992年6月出版。据周一良先生《纪念杨联陞教授》一文（《中国文化》第六期，1992年9月出版）的介绍：

杨联陞教授原籍绍兴，1914年生于河北保定。1937年毕业于清华大学经济系。1942年在哈佛大学获硕士学位。1947年在哈佛任助教授，1951年任远东语文系（后改称东亚语言及文化系）副教授，1958年任教授。1961年入美国籍。1965年获哈佛燕京中国历史讲座教授称号。1980年以名誉教授退休。1990年11月16逝世。

杨联陞教授1959年当选为台湾中央研究院院士。1962年在巴黎法兰西学院及日本京都大学讲学。1970年及1976年先后获美国圣路易华盛顿大学及香港中文大学名誉文学博士。1974年获法国铭刻与文学学院德卢恩奖（Drouin Prize）。他还担任过《哈佛亚洲学报》编委会编委及新竹《清华学报》主编。

除多篇论文和书评之外，杨联陞教授结集成书的英文论著有《中国史专题讲授提纲》（1950年）、《中国货币及信贷简史》（1952年）、《中国制度史研究》（1962年）、《汉学散策》（1969年）、《汉学论评集》（未见，出版年月不详）。与赵元任先生合编过《国语字典》（1947年）。部分论著译成汉文，汇集为《国史探微》（1983年）。北京的社会科学出版社出版杨联陞教授晚年手订的论著选集《杨联陞论文集》，收论文书评共18篇。

读此书后，个人粗浅的收获与体会大致有以下几点：

一点是，杨先生以经济史为本行。学经济，使杨先生本来就清晰的头脑更加清晰。

读杨先生的文章，随处可见算细账的例子，不胜枚举。这一点十分突出，国内专家中少见，很值得学习。除经济专业外，杨先生的语文学力和基础特别宽广雄厚。中文方面，从上古汉语、中古汉语到近代汉语，都极为精通，这使他在阅读和占有大量古文献方面得心应手。外语方面，英文和日文特精。

再有，杨先生一生经历中外，兴趣与涉猎方面相当广泛，所谓"吃过见过""见过世面"。这些因素综合在他的学术研究中，就使他研究的覆盖面甚广，遍及许多领域。研究时，他又能把诸学科的边缘重合在一个问题上，有似诸兵种协同作战一般。《〈西湖老人繁胜录〉校正》文虽短小而精悍之气毕露，乃此种表现之一佳例也。

另一点，由于杨先生在国外教书多年，主要是对美国学生讲授有关中国文献内涵的课程，促使他在阐明问题时特别注意词语的确切解释和语法修辞方面的精微之处。表现在文章里，以剖析入微见长，能见到他人忽略之处。

例如，他对于"任侠""游侠"内涵的分析，虽是从体味前贤和并世学者的使用方法和研究成果中生发而出，但经杨先生一说明，豁然开朗，实在是解决此问题的一次飞跃。在研究词语时，杨先生还特别注意到词语的变化过程。《"龙宿郊民"解》一文，对这个词语的来龙去脉、变化递嬗之迹，交代得原原本本，一清二楚，就是一个佳例。

再一点是杨先生非常重视书评，一生中写作了数十篇极有分量的书评。可以说，他写的每一篇书评，都是一篇有新见解的学术论文。换了别人，可能就舍不得这样干，而要采用自己写论文的方式来表现了。笔者认为，在个人掌握的材料尚不足以写成一篇大论文的情况下，又有一些新的见解，无妨先争取较快的发表。那么，用学术性的书评推出，乃是一条捷径。国内最近也有人开始认识到书评的重要，例如，北京大学信息管理系这两年为研究生开设书评研究课程，就是一例。在这方面，杨先生给我们做出了许多优秀的实例。

最后一点是，我们可以看出，远在异国的杨先生，十分注意国内的学术动态，从母本迅速吸取营养，很快地利用到自己的研究工作中去。

例如，对国内学术工作的新成果，杨先生虽然只能从报刊中汲取材料，但可以看出，他是在不遗余力地采摘。换句话说，他十分注意捕捉能到手的新的信息。这也是国外学者值得我们学习的优点之一。

自来学术后胜于前。一方面，新材料的出现改变或充实了旧的见解；另一方面，由于认识上的提高，对于某些问题又有更上一层楼的新发现。

举前者的例，如"务头"一词，近代戏曲研究者聚讼纷纭，杨先生推论为"大约务头是拔高或耍腔的紧要关头"，已近真谛。而自80年代《墨娥小录》一书重现后，方知它是宋、元行院的"调侃语"，即一种"行话"，是"喝彩"这个词语的"切口"。元明以下，它嬗变为特指戏剧曲文章特别是唱腔中精心安置希望博得观众喝彩之处。

举后者的例，如对"押座文"，自来学者均未将其与"散座文"区分，以致对它在俗讲过程中的位置经常顾此失彼，或云"定场诗"，或曰"大轴戏、压轴戏"，杨先生也模棱两可。自周绍良先生于80年代初提出"押座文"与"散座文"（笔者称为"解讲辞"，取其仅为唱辞之义）的区分以后，这个问题昭然开解。如上举两例，杨先生若在，以他的悟性和迅速追捕信息的能力，定可立马从善。可惜的是，"万里乡心埋异土""横通国器渺他山"。

（原载于《中国史研究动态》1993年第4期）

承泽副墨

《冷庐文薮》序

王有三先生所写的论文目录,备载于《中国目录学史论丛》书后的附录《王重民著述目录》一文中。其中大部分已收入《敦煌遗书论文集》《中国目录学史论丛》二书。其余长短篇论文约40万字,均收入本书。因王先生自号书斋为"冷庐",故本书由刘修业先生题名为《冷庐文薮》。至此,王有三先生所撰论文已经大致出齐。

刘修业先生派我为本书作序。长者命,不敢辞。笔者首先想到的是,自己实不足以肩负为本书作序之重任;也就是说,从学业成就上、辈分上以及和王有三先生的师承关系上,笔者都够不上给本书作序的资格;或者说是,不配给本书作者作序。现在竟然轮到由笔者来写,这固然是刘老赏给笔者的极大的面子,是对后学一次有力的提携,可是执笔之际，哪能让人没有"孤城落日"之感呢。

笔者与王先生的关系实在很浅，虽有高山仰止之思，不敢说厕于弟子之列。笔者于1950年入北京大学中文系就读。那时，图书馆学专修科由王先生主持，附属于中文系。以此因缘，笔者能远远地瞻仰王先生，并旁听过几节您老人家讲的课。当时，王先生并不认识笔者。"文化大革命"后期，1972年起，笔者在《文物》编辑部义务劳动帮忙打杂，因为审稿中的问题，才通过在北京大学图书馆工作而与王先生在60年代就熟悉起来的笔者爱人李鼎霞同志引见，到当时住在北京大学朗润园的王先生府上谒见请教，大约不过十次。王先生很热情，虽在"文革"之中，说起学问来滔滔不绝，常常超出笔者请教的具体问题，多方引证，使人有如入"宝山"之感。

笔者记忆犹新的是最后一次，即1975年4月12日接近中午的时候，在北京大学未名湖畔博雅塔旁小马路上，与王先生不期而遇。这时忽然想到，正在看的一篇稿件中，有些关于《老子·想尔注》的问题，正好向王先生请教。当即提出，王先生兴致大发，居然在马路边口讲指划，讲了起码一个小时，不觉移晷。当时获益匪浅，现在想来，这大约是王先生最后一次学术咨询应答。三天后的4月15日，王先生就受到点名批判，旋即下世。笔者亲炙于王先生不过这几次。但就在这有限的几次求教中，王先生给了笔者以极为深刻的印象。

这十几年来，已有许多人写过纪念、回忆王先生的文章，全都认为，王先生性情温厚，平易近人，待人接物出于至诚，受到师友学生一致推重。这些，笔者都有同感。更使笔者印象深刻的是：王先生真是一位挚爱学术的胸无城府的伟大学者，在经过"反右"的挫折后，在"文革"的险恶环境中，只要你真诚地向他请教有关业务问题，他就滔滔不绝，倾筐倒箧而出，似乎有些迫不及待，想把自己所学所知迅速注入对方脑中的样子。当时还认为王先生是一位近乎天真的老少年，现在想来，像王先生这样视学问如生命，自身与业务近乎合一，诲人不倦的粹然学者，真是太少了。

这十几年来，笔者在与目录学、敦煌学有关的教学岗位上，作些打杂工作，进一步接触到王先生留下的巨额学术遗产，增加了对王先生的了解。对王先生一生的治学道路和治学方法，也有了一些粗浅的认识：

一是，王先生的学术确实是博大精深，在目录学、版本学、校勘学和敦煌学、史学和索引编纂等方面，王先生都达到了他那个时代所能达到的最高水平。说他是中国近现代目录学和敦煌学的代表人物，绝非过誉；说他是中国现代学术论文索引编纂的奠基人，也是公认的事实。

笔者常想，王先生何以能达到如此高的成就？一个简单的答案是：这是聪明与勤奋的合一。笔者又常想：王先生在非学术方面，或许由于书生气太重，知识分子习气太深，显得有时甚至很不聪明；但他在学术问题上确是极为敏感的，或者说，他把自己的聪明才智，完全用到了学术里去了。一个突出的表现是，王先生能够利用给予自己的学术上的机会，开拓新的学术领域。用陈寅恪先生的话说，这就是："一时代之学术，必有其新材料与新问题。取用此材料以研求问题，则为此时代学术之新潮流。治学之士得预于此潮流者，谓之预流（借用佛教"初果"之名）。"（《敦煌劫馀录·序》）借用现在的话说，就是"领导学术新潮流"。王先生青年时期入北京图书馆主持新设的索引组；后来奉派去欧洲，研究敦煌卷子和太平天国文书；二次大战时留居美国，研究海外庋藏的中国善本书，都是目光锐利地抓住了"预流"的机会。

当然，光靠机会与眼光，还不足以在学术上攀登高峰。如笔者所见，解放初，领导分配到优越学术岗位上进行培养的人也不少，几十年下来，碌碌无为者也不乏人。除了客观条件以外，恐怕就是缺乏王先生具有的那种在学术上的"冲天干劲"。

即以敦煌学而言，1934年夏，王先生奉派去法国与英国工作，直至1939年欧战开始后撤离。这五年多时间里，大量地接触了伯希和与斯坦因盗去的遗书材料，所得甚丰，从材料搜集等方面奠定了以后研究的基础。这段时期，不但对王先生个人，即便对于国际和我国敦煌学界来说，都可说是一个高潮时期、黄金时代。据笔者粗略计算，在这五年多时间里，连节假日统计在内,不算看其他大量汉文材料如太平天国资料等(起码占去一半工作时间),王先生平均每天得看五六个敦煌卷子,并作详细记录,有的是全部过录。外带帮法国人编目录。而其所得材料,在王先生逝世16年后的今天,尚有未经整理发表者。其工作量之大,收获之丰,实在令人惊叹。

二是,王先生固然聪明,记忆力极强,应付咨询和讲课完全不用参考笔记,对于有关数据如数家珍。但他似乎深深懂得,好记性不如秃笔头,因而"记事者必提其要,纂言者必钩其玄;贪多务得,细大不捐",随时作学术性札记,而且做得越来越熟练。大部分札记不用修整,就是一篇很好的学术提要。王先生逝世后,刘先生整理遗稿,特别在整理《中国善本书提要》及其续编时,用陆续搜寻到的札记,略加排比就可成书。另一例证是,王先生在巴黎,代伯希和作敦煌中文卷子目录,自己随手做成卡片,其中有大量学术提要式札记。这大批卡片,80年代由刘老捐献给了敦煌研究院。它就是《敦煌遗书总目索引》中《伯希和劫经录》的初稿。笔者曾抽取若干与现行印本比勘,发现改动甚少。这两者都说明王先生这方面的功夫实在到家。搞目录学的人,一定要学会并大量作学术札记,这是王先生对后学的垂范。

三是,王先生治学,最重对第一手材料之钩稽排比。"导坠绪之茫茫,独旁搜而远绍"。他目光犀利,披览中能随时发现有用的材料:"玉札丹砂,赤箭青芝,牛溲马勃,败鼓之皮，俱收并蓄，待用无遗"。例如清代著名目录学家金门诏，《清史稿》无传，王先生通读金氏全集，为之作学术性极强的"别传"。又如《异域琐谈》（又名《西域闻见录》）之作者七十一，亦赖王先生为之小传以传。《正学镠石》一书，康熙刻本题利安当著。王先生在巴黎国家图书馆见一钞本，题"泰西利安当命意，天民尚识己载言"，始知为中西二人合作，并为此作"尚祐卿（后更名尚识己，字天民）传"。此种读书知人、搜秘探微的细致学术工作，看似读书有间，顺手拈来，实则非蓄积极深的有识者莫办。这样的例证，在本书中所见尤多。

最后一点是，解放后，王先生把主要精力投入到北京大学图书馆学系的建设，开设了许多新课，培养了一批又一批的新人，这也可看作是王先生在学术领域的新开拓。但笔者觉得，王先生终未能全展其所长。这也许是客观条件使然。即以敦煌学来说，我国第一代敦煌学学者王国维、陈寅恪、罗振玉等先生以后，远赴欧洲进行大量研究工作的学者中，公认成就最高、后来成为学术带头人的，是向觉明（达）先生和王先生。王先生在敦煌学目录方面的贡献，厥功尤伟。但解放后，向先生在敦煌考古方面的传人，不止一二代，至今丝绸之路山洞中活跃着的各路诸侯，多为向门薪火传人。相对来说，王先生在这方面的接班人呢？唉，实在令人感到衷心的遗憾。

笔者在写作这篇序时，感到惭愧和必须提出的是，本书实际上是马蹄疾同志在刘老的指导下编纂成的，其经过略见凡例。马蹄疾同志对本书和王先生的了解，百倍于笔者，由于他过于谦挹，只得由笔者在此表而出之，庶不没其苦心焉。

最后要说的一点感想是：笔者最爱读的一篇文章，是李清照的《金石录·后序》，那是饱含感情为学术伴侣所写的一字一泪感人至深的奇文。严格讲来，《金石录》应该说是赵、李伉俪共同写出的著作；赵氏故后，如果没有李氏的卓绝努力，这部书就流传不下来。可是，李清照并没有写下自己的名字。刘老和王先生同治索引学、目录学、敦煌学，王先生的学术著作中，莫不闪耀着刘老的身影。王先生故后十余年间，刘老倾全力整理遗作，直到本书出版，终底于成。其工作量大大过李氏整理《金石录》，而用心则同，后先辉映，又哪能使读者没有悲欣交集之感？"落日心犹壮"，但是，在悲壮中，又哪能使晚学没有辛酸之感呢？

（《冷庐文薮》，王重民著，上海古籍出版社1992年版）

《平凡而伟大的学者——于道泉》

写下题目,待要作文,绕室低回,踌躇再四。还是有点自知之明,深感没有写书评的资格。笔者除母语外,别的哪一种语文都不懂,遑论与佛学有密切关联之藏文、梵文著述乎!笔者从未有幸亲炙于大师之门,未能浅窥先辈学术之涯涘。干脆说罢,读于老的著作,有如小学生读外文版微积分课本。写出下面的文字,完全是因为被于老人格的力量与巨大学术成就所慑服,又被王尧乡兄笃于师门风义的义举与壮举深深地感动了。我极想把自己的一点点强烈感觉倾吐给读者。说是读后感也行,总之,写下来就是了。

我要汇报的总的一点是:此书的的确确称得上是一部难得的奇书,"异书入手意凄迷",读后真有曲终人邈江上峰青之感。读者您要亲自来体会,我建议您就从目录开始。目录显示，此书由六大部分组成：

一、序言（三篇，分别由友人、亲属、弟子撰写）；

二、著述，收于老遗著五篇；

三、传略；

四、年谱简编，虽未署名，观其文风，一望便知是王尧乡兄的手笔；

五、纪念文章，十二篇，系集合写于不同时期的不同题材（如祝寿、纪念）的文章而成；

六、书札选刊，分于老亲笔、亲人书札、友人书札三部分，少而精。

这五、六两部分，想必也让王尧乡兄很动脑筋，颇费心血。就全书来看，是著述文集、纪念集、资料集等的有机组合，如此编集，诚乃高手之绝妙布局也！

此书堪称奇书的另一特色是，虽为极端专业型文集，可读性却是颇强。我想，这与王尧乡兄的编纂方式极有关系。

就是一般读者，如果想领略其中妙谛，那么，我建议先读一、五两部分，再对照着阅读三、四、六三部分，最后潜心阅读领会第二部分。这第二部分，从于老的编排上说，酌理为经，摘词为纬，学术性浓郁扑人；再结合前面几部分综合观览，于老簌今而友，扬古而师，可谓独具学术风格。我保证，如入宝山，您一定会对其中充仞的琪花瑶草、奇珍异宝炫目惊心，流连忘返，进而恣意采撷，满载而归。

在阅读此书第二部分即于老的著作时，对出版业有点了解的人，一定会对河北教育出版社充满了敬意。在经常有人指摘出版业滑坡的时候，他们竟能不惜血本，下大力出版这样一部多种奇特文字混排的书，还采用国际通行而在国内可称异型的特种16开本，连封面和扉页设计也具有国际上多年使用的学术书籍风格，真是令人耳目一新，进而感动。异书入手意凄迷，从入手的一刻开始了！

我们必须提到与感谢王尧乡兄。要是没有他艰苦卓绝的不懈努力，从编纂，找出版社，拉赞助，校对（能校这部书稿的人极少），其困难超乎想象。可以毫不夸张地说，这部书，只有王老哥能编，没有他就无法面世！他的工作极多，经常国内外穿梭，这件事他又不是非办不可的。际今之世，特别在"文革"中，背师之事层出不穷。王老哥如此笃于师门风义，实足以警顽立懦！

读者如果不了解王老哥的学术，简捷的一个办法是阅读《学林春秋》二编下册（朝华出版社1999年出版，张世林编）中所载他的自述《我与西藏学》。我读后对他的理解和钦佩增加不少。他是极有文学天分的人，解放初服从分配，从于老等先辈学习西藏学。他原来的老同学，今日在汉文文史界成为重镇者不少，他原也可在那方面与他们并驾齐驱的。可是他毅然按领导意图改学难度极大的西藏学，并且不负领导和师门厚望，成为国际知名为国争光的优秀学者。他本来的文学天赋和受到的汉语语文严格训练，使他在别的研究领域中如虎添翼。他写的文章富于风趣，更具有深刻内涵，使人百读不厌。

如今，他办了为恩师出书这件事，更使我看到他高尚道德的一面。我简直佩服得五体投地了！

《古人称谓》评介

中国古代以至近代的称谓极为繁杂，是现代人阅读古典文献的重大障碍之一。稍不注意，便可能理解错了。或者是囫囵吞枣，不求甚解，马虎读过，一较起真来，可就驴唇对不上马嘴啦。常见有给别人校点注释的古籍挑毛病的文章，差不多都有这方面的内容。

笔者阅读无标点无注释的古代文献，例如宋代到清代的笔记，就常遇到这种拦路虎，浏览时一带而过，不求甚解，可是内心常觉愀然，有一种学艺不精的自我谴责的凄清不怡之感。我常想，不是自己不愿意学，而是没有一本入门书。这种想法可能具有某种普遍性。

因此，在看到袁庭栋《古人称谓》（四川教育出版社1994年版）一书时，实觉先获我心，满足了绝大部分阅读古代文献的读者的需要。

全书近40万字，分14章，各章内容是：姓与氏、名与字、自称与称人、亲属称谓、尊称、官称与地望称、讳称、谦称、谥号、庙号、尊号与年号、帝王的专门称谓、别号、室名与诨号、妇女、少数民族。可谓集大成之作。

正如本书《前言》中所说，这是一本"拓荒之作"，是兼顾普及与提高的著作。它既是社会科学中科普作品一类，又是一种专门学术的概论。初学者肯定能从中得到很大收益。专家读了也能受到某些启发。例如，在讲到"先秦的姓与氏"这一极为繁杂纷乱的问题时，作者先列出"男子称氏""女子称姓"这两条总纲，然后列举六种值得注意的情况，便将一团乱麻清理得有条不紊。正是在这种地方，使我们见到了作者的学力、功力和写作能力。

《联话丛编》序

原夫联语,传播自宋而滥觞乎唐。虽酬应之制,颇炽盛于明清社会;而韶濩之音,亦扇芳于奕代词林。足为韵府附庸,要是文坛别调。操觚者有专家之目,著录者奖一体之称。日积月累,壁挂楹悬;品类渐分,题材各异。循三叹以希古,会众弦而刱今,于是"联集""联话"兴焉。自《楹联丛话》标举宗风,扶轮大雅,综前启后,述往开来,"联话"一体继绍"诗话""词话""曲话""文话"而光大。后起稍多,绍裘不少。莫不集古今而作镜,饰芬芳以为仪。并穆清风,毕宣底蕴。发扬流派,沾溉联坛。然而年湮代远,世易时移;于今流通渐疏,搜寻非易。龚君联寿,学如孟夔,妙悟潜深;行则鹅湖,明经聚教。平居驰骋联坛,沉浸韵语;发愤整齐部帙，收拾散亡。联合江西人民出版社胡君涤衷，左右商榷，昕夕钻研。广收勿遗，悉搜旁及。曩哲前贤之书，求得近四十种；积薪合璧之稿，运载过五车余。编作丛刊，付之剞劂。综前贤之往绪，助学海以川流。挹彼精华，固光焰之常在；存其糟粕，亦史氏所取资。诚乃联界空前盛事，堪称玄圃积玉大观。必将广鲁于天下，增路于椎轮。张皇未发之幽潜，开辟无前之途术。不佞备见成书涉历艰难，快睹鸿篇风行瀛海。披异彩之缤纷，醉名联之络绎。聊为短引，深愧芜词。时公元一九九八年十一月十一日，承泽退士白化文谨序。

（《联话丛编》，龚联寿编著，江西人民出版社2000年版）

《中华对联大典》序

联语昉自唐宋，盛于明清。世多作者，代有名家。大都铄古切今，丽辞深彩；编联珠玉，点缀文华。惟是览观联话，按类合辑者经常，因人分列者希简。夫联家各有生平，作手迥异风采。参互合观，唯觉百卉纷呈；区别比对，方见一枝独秀。春风杨柳，秋水蒹葭；琪花瑶草，铁板铜琶；时代感觉充盈，个人风格独特。文情深变，妍媸异分。或联以人传，或人以联传，斯则楹帖之大观，不仅为谈艺之资，抑亦知人论世之一助焉。龚君联寿寝馈其中，沉潜此道；学术有专攻，匠心能独运，爰有《中华对联大典》之作。网罗放佚，囊括古今；振叶而根寻，观流则源讨。惨淡经营，岁时绵历；勒成部帙，交付流通。沾溉联家，端是通人杰构；启迪多士，决为名世异书。不妄癖好从同，深滋欣悦。爰弁厄言，以志庆喜。时一九九四年一月九日，承泽退士白化文谨叙。

（《中华对联大典》，龚联寿编著，复旦大学出版社1998年版）

《中国历代官制大辞典》

宗力等编的《中国历代官制大辞典》（北京出版社1994年版），是一部大书，16开，近270万字。编写人员阵容庞大，以中国社会科学院历史研究所为核心的中青年研究人员为主力，此外绩学之士不少。

这部辞典出版后很受到学术界好评，认为是中国史学界近年来通力合作的优秀成果之一。在最近公布的北京市1994年图书评奖获奖名单上，这部辞典列于一等奖之首。

中国古代以至近代的官制极为繁杂，恐怕可称"世界之最"！从阅读古代文献的角度来看，官制可说是一个重大障碍。稍不注意，便可能理解错了。或者是囫囵吞枣，不求甚解地马虎过去，一较起真来，可就驴头对不上马嘴啦。因此，在拿到这部辞典并大致阅读以后，我认为，此书满足了绝大部分古代文献的读者在这方面的需要。

从内容看，此书占得上"大""全""新"三字。

说"大"和"全"，是说从来还没有过这样一部如此完整而又详细的通观中国历代王朝官制的大辞典，起码是笔者还没有见过。此书的《前言》中说道：

> 但凡是中国古代所见中央和地方行政机构、职官、勋官、封爵及尊称、别称、俗称、简称、合称、联称，农民起义、周边少数民族政权所设职官，官场用语、俗语。一律予以收录。

编者自称："现收辞二万余条，成为目前国内外最大的一部中国古代职官辞典。"信不虚焉。

说"新"，是说此书在新出的材料方面广收博采，除正史外，广泛地收集了政书、实录、辞赋、文集中的材料，特别是利用了解放后大量涌现和发表的考古和文物资料。

例如，大量采用赵万里《汉魏南北朝墓志集释》等书中的第一手出土材料，补充了许多不经见的职称，如"宫内太监"原为二品，但有特赐的"宫品第一"；北魏女官有"第一女郎""第一品嫔""第一贵嫔夫人"等，显示出相当大的封赏随意性。这些材料，在其他的各种性质的工具书中，都是很难查到的。

注意释文的完整，即把重点放在写好"通条"上，又是此书的一个极大的优点。这是因为，"有些职官名称，数代并见，且忽置忽废，职司、品秩等变化较大"。所以采取了一种"有效的写作程序"，即先各写断代条目，再进行综合。这已经相当于一篇小型论文的规模了，但却以"提要"的形式写出，可称真正的功夫，也可称真正地下了功夫。

任何辞书都可补充，此书也不例外。要吹毛求疵地找点能补苴之处，自然会有的。但是，我不是历史学界的，自然不敢妄评，还是由他们本行的人自己来办罢。

（原载于《北京日报》1995年8月2日7版）

承泽副墨

《中国古代生活丛书》

　　大社会学家早已说过，北极探险还可稍缓，因为那里的冰一时半会儿还化不了；社会生活的调查却是刻不容缓，皆因时代变化太快，再加上人们有意无意地忽略和毁弃，许多活生生的社会生活现实转瞬即逝。在我们这个时代尤其如此。

　　解放前，北京的社会生活多少陷于停滞不前的状态。胡同里老门老户的人家，"进士第"之类的匾额虽然已经落满尘土，破旧不堪，可就是不摘——有人说，又费事又没有钱雇人登梯爬高，哪有补笊篱的呢！再说，那也是往日的风光，虽然现在已经是大杂院啦！还有老观念，解放前要是跟老爷子们打听："往阜成门去，怎么个走法？"他就该说啦："你问的是平则门吧？"您瞧瞧，这都回到元朝去啦，习惯势力太大啦。解放后真是有翻天覆地的变化。连城墙都变没啦！吊炉烧饼也由挑挑儿进了大饭店了。您说说，要是再不赶紧拾掇拾掇，下几代就更明白不到哪儿去啦。

商务印书馆国际有限公司开始陆续出版一大整套《中国古代生活丛书》，我看是独具慧眼，在中国史学出版物中自辟蹊径，而且正得其时。我们希望商务印书馆一定要坚持出下去，千万别半途而废。作为从小学起就念"复兴课本"并与商务印书馆结了不解之缘的60年老读者，咱是兴奋异常，忘了自己贵姓，不免野人献曝来上几句也。

窃以为，已出版的几部书，大多引据考古出土文物新成果，使人耳目一新，作法极佳。引经据典，例证丰富，也极为引人入胜。请一定把这两大优点维持住。再提两条供参考：

一条是，请考虑把"古代"延长到解放前为好，其理由，本文第一段中已有所论述，不赘述。实际上，丛书中已经在写法上这样做了。

另一条是，多收集现在尚有残存的民间书面与口头资料，并用唯物主义观点与辩证方法加以论证说明。口头资料之例，如乞丐对施主的称谓，随时随地不同。解放前北京大学沙滩红楼前乞丐的叫声，堪称当时高校门前一大特色："学生少爷，您行行好吧。您将来准能当校长！""学生小姐，老天爷保佑，您坐大火轮留洋！"可以看出下层的人对男女学生的前途各有看法。从对男生的期望中，隐隐有蔡校长德高望重的影子,更有在任的胡校长的声威在;对女生呢,男尊女卑的思想是暗含着的,不提当校长呀!再则,那时的乞丐还想不到坐飞机呢,可是已经有对坐轮船旅行的认识了,可见,靠近学校是真长见识呀!

书面资料之例,如解放前馒头铺出租抄本唱本,《华容道》里曹操的一段唱词是:

在曹营我待你哪点不好?一顿饭四个菜俩大火烧。喝完了烧刀子还要老窖。喝得你赤红脸越来越糟。莜麦面压饸饹你嫌不好。三和义大馒头随着你挑。

若是运用历史的唯物的观点来分析,清代以至民国初年华北和北京乡下老百姓与小市民的思想认识、物质生活水平、巧妙的变相广告方式以至对酒的危害的了解等均跃然纸上。建议加强这两方面的资料搜集与融化,必能使这套书更上一层楼矣,是所至祷焉!

(原载于《北京日报》1996年10月19日4版)

白化文文集

《中国民间故事类型》

　　现当代研究民间文学的人，总会接触到芬兰学派对民间故事进行类型化整理的研究方法，并且多少会使用由他们创始而且不断发展补充的系列化的"AT分类法"。

　　其中，有关中国故事类型的早期著作就是德国学者艾伯华（1909—1989年）的《中国民间故事类型》。此书写定于1937年，艾氏还是一位28岁的青年，正当他1934—1936年在华北收集民俗资料并在北大任教后，返回欧洲之初。他在两年多的时间内，大量收集中国资料，爬梳剔抉，纳入自己架构的"AT分类法"系统的"中国民间故事类型"中。这是在"母系统"影响下的一次创造性发挥。在中国和国际的中国民间文学发展史上，堪称一项创举。

　　40年以后，才有同类型的著作出现，那就是美籍学者丁乃通先辈的《中国民间故事类型索引》，出版于1978年。丁氏此书，有中国民间文艺出版社据英文版的全译本，主译者是当代国际知名的民间文学家段宝林教授（北京大学中文系），出版于1986年，因而在中国内地颇为流行。可惜原出版社关张，听说现在正在联系新的出版者，出新的一版。中国民间文学研究的发展史历程相当短，艾氏的著作似乎就可以归入古典著作。

商务印书馆一贯以组织翻译国外的经典著作为职责，1999年初，又把艾氏这部早期的著作《中国民间故事类型》翻译出版，这对中国和国际上的许多专业工作者，如民间文学、民俗学、社会学、文献学的学者来说，都是极大的好事。原著在中国国内图书馆和个人手中所存不多，能看得懂这样的德文专业书的人也寥寥无几啊。

商务印书馆的中文版卷首载有民间文学界泰斗钟敬文老先生的序言。这篇序言值得细读。一则，其中讲到欧洲民间文学各学派特别是芬兰学派那部分，可作一篇要言不烦的相关提要来阅读。二则，其中讲到"AT分类法"在中国的传播与利用的那部分，也可当一篇要言不烦的提要来读。附带说一句，读者倘若对"AT分类法"感兴趣，笔者建议可以去找刘魁立先生的《世界各国民间故事类型索引述评》一文来阅读（载于《民间文学论坛》)1982年第1期）。三则，钟老是优秀的散文名家，这篇文章中饱含对学术知交的感情，富蕴对中国民间文学研究史的慈母般的关怀，不可以为文章余事而轻易读过也。

"导读"和"前言：局限性和宗旨"两节，尤其不可轻易读过。那是理解和使用此书的钥匙。置于全书末尾的"艾伯华传略"，笔者建议读者也不应忽略，"读其书，不知其人，可乎？"

翻译并出版这样一部书，难度很大。可以看出，译者和审校者做出了极大的努力。出版翻译的专业书，一般说来，应为中国读者准备出比原著更多的补充和说明材料，这也能显示出我们中国学者的水平和负责精神。此外，为此最好采取多兵种联合作战的方式。

例如这个译本的诸多方面，如果请相关的古典文献学、国际汉学等学者看一看，就能把内涵的某些看来不起眼因而往往由于外行而忽略过去的小问题予以纠正，使之学术性更强。试举数例，如：

笔者没有见过德文原本，听说有的"出处"，艾氏自己注出中文"曹子建集"，商务印书馆译本第165—166页就有26条。据笔者大胆推断，大概都是曹松叶先生那套七卷手抄本文集。译者和审校者胆子太小，照抄不误。其实可以用加注的方式表达我们的意见。

"本书使用的参考文献"一部分，典型地表现出没有与古典文献学、国际汉学等界人士联系的状态。小毛病不断出现。如：

第458页中，"敦煌搜神记"原著者的外文译名竟然没有还原。实则他是"句（勾）道兴"。第472页中，"荀谱"的作者写成"（高）赞宁"，并编入"X"部；实则是《笋谱》，应入"S"部，作者是和尚"释赞宁"。第473页中，《枕中记》的"作者据说是葛洪"应加注，说明是唐代的沈既济。第468页中，《释氏稽古略》作者的外文译音也没有还原，实则就欠一查，是"觉岸"。以上都是与古典文献界缺乏沟通的小例证。

来华的外国人，常常起中文名字。翻译时不宜用我们现在的"译名手册"一套就完。例如，第464页中，"马斯佩罗"的中文名字是"马伯乐"，在国际汉学界大名鼎鼎，无人不知。第468页中，"施坦茨"的中文名字是"薛田资"，等等，还有几处。这都是缺乏与国际汉学界沟通的结果。细心的读者起码会认为干得草率了。

此书是60年前的外国人著作，其中不全不备之处不少，有待我们当代的中国学者补充。也可用加注方式行之。例如，第216页的"毛衣女"，至少可补上北宋时期写成的《稽神录》中"食黄精婢"一条。此条是转化为现代的"白毛女"的中间站之一。

有关的参考文献可加注补充的更多，如敦煌的资料，1936年以后出版的差不多全没有。有人会说，那是原著的事，我们犯不上给他补充。有那些材料咱们自己出一部新的书了。笔者举双手赞成并希望这样的新书早日面世。但是，咱们现在给德国人补充一点，还是咱们的新东西，将来自己还可以用的。再说，"三分天下有其二，以服事殷"。若是咱们补充一大批材料，暂时还不篡位，从学术界看，堪称"至德"矣。

（原载于《书品》1999年第4期）

承泽副墨

《台湾文化》

  本地人研究桑梓地,人熟地熟,当然很占便宜。可是据说有可能跳不出圈子,而且,"桑下岂无三宿恋",何况桑梓,难免偏爱。外国人呢?人生地不熟的,再加上有的浅尝辄止还自以为是,有的爱卖野人头。《匹克威克外传》中描写的在亨特尔太太的招待会上出现的史摩尔笃克伯爵,可能就是个极端的例子。

  那么,本国而非本地的人呢?笔者以为,如果他抱着学术研究的态度,尽可能地占有资料,客观地深入地进行探讨,就许入乎其内而出乎其外,取得较好的成果。

  以上一段所说的,绝对有点偏激而不太客观,可这是我读胡友鸣、马欣来合著的《台湾文化》一书后,积累起来的一点思考。由于某种机缘,1991年此书就摆在我的枕头旁,就寝前时时浏览，逐渐地对它有点认识了，很有好感了。

头一段所说的，特别是其结尾处那几句，起码我认为是适合于此书及其两位作者的写作情况的。据我过去所知，胡、马二位虽然都是北大中文系毕业的高材生，工作十多年以来更成为饱学之士，但他们对台湾的事情原来可不算门儿清。

可是一读此书，从我这对台湾的事情至今完全不明白的人来看，他们可真是这方面的大专家啦！书中的一切，对我都是新知识，观点也是全新的。

约举数例，以见一斑：

比如，对于郑芝龙对开发台湾的贡献，此书中分析得很中肯。过去如我这样的不怎么阅读有关台湾和郑氏父子相关的资料的人，恐怕对郑芝龙的认识就是由海盗一直沦落为汉奸。对他抗击荷兰侵略者的功绩，特别是他英勇善战以弱胜强的海战大胜利，更是不甚了解。

读此书后，我个人认为，中国海军史上一定要大写特写郑芝龙，他实在是一位世界海军史上少见的天才将领，其指挥水平应在英国的纳尔逊和日本的东乡平八郎之上。那二位取胜的特拉法加海战和对马海战，战斗双方差不多势均力敌，特别是战舰的战斗力和数量基本持平。可是，郑芝龙打败荷兰人，有似后世的小米加步枪打败坦克大炮装备的军队。

再如，对台湾原来居住的土著和早期移民历史与现状的叙述，显得内容十分充实。特别是历史和民俗部分，更显露出精彩。我认为，这显然是大量掌握并灵活运用了大批原始资料，特别是对地方志取精用宏，再加上对采风所得民间故事不断选取的结果。这正是此书的重点与精华所在。如对日月和日月潭产生的关系的民间传说记录，对民间传统歌舞与风情的详细记述，都是此书着力所在。原书具在，不赘述。

吹毛求疵，谈不上讲什么缺点，只对今后此书的修订有点建议：

还是得再多用上些文艺性质强烈的资料，以及语言方面资料的分析，把两者结合起来更好。

例如，北京古籍出版社刚刚出版的《中华竹枝词》，其中直接有关台湾者数种，均可考虑使用。如那部书的第3921页有一首竹枝词是：

土番舌上掉都卢，对酒欢呼打剌酥。
闻道金亡避元难，飓风吹到始谋居。

在下以为，"都卢"是原作者用的汉语口语词语。现代北京话里还这样说："你别说话尽打嘟噜，人家听不清楚呀。"至于，"掉"，古汉语中有"甩动"之义。"掉都卢"就是"打嘟噜"。"打剌酥"之为蒙古语的汉语音译，凡研究元史和元代文学的无人不知，它是"酒，特指蒙古人当时会酿造的、最容易得到的、也最爱喝的一种黄酒"。"对酒欢呼打剌酥"，有如当代无知青年见到洋酒，就惊呼一声"XO"！此诗前两句很有调侃高山族同胞之意，这也是旧知识分子看不起少数民族的坏习气在作怪罢。

方龄贵先生的名作《元明戏曲中的蒙古语》（汉语大词典出版社，1991年版）一书中的第73条专门讨论这个词语。值得注意的是，方氏曾引用《土族语简志》和《东乡语简志》，证明这两个中国少数民族的词汇中也有与"打剌酥"语音和词义相同的词语。

按上引这首竹枝词中隐隐透露的意思看，其作者很有认为这个词语是高山族学来的外来语之意。那么，这首诗倒可以为方氏和胡马二位等研究者又从不同的角度添一条研究书证了。

承泽副墨

《宗喀巴评传》

这不是咱们苏北老乡亲王天挺老大哥的新作么！大内行聊写短评传，游刃有余，那是必然的了。

这是匡老（亚明）主编的《中国思想家评传丛书》之一种。单凭这选题，就能看出主编以下撰著出版工作领导小组诸君子有学有识。原来编辑这类汇编、丛刊类型的书，往往在客观上显露出多少有点"大汉族主义"的倾向，想不到"少数民族思想家"那儿去。

宽容地说，可能是没有那方面的学问；进一步探问，则可能是见识不到位。从出版者的角度说呢，极可能是怕出书后销路不佳。我敢说，非得有大学问、大见识、大魄力和巨大经济后盾的人，才能、才敢在现时提出这个和这类选题来。

选题好，只是成功之始。请谁来撰写，是此书成败的关键。我看找人找得是真准！环顾国内，窃以为非王先生莫属矣。说给内行听，一定是全票通过；圈外的人呢，读罢此书也一定能体会到此言不虚。

出版者十分认真。仅举一点为例：从装帧设计上可以体现出来。目前各类书籍的装帧设计，从内容上看，往往和书籍内容脱节，甚至于与内容不合，出现错误。脱节者比比皆是，暂不置议。

与内容不合的呢，试举军事书籍一例，《轰炸东京》，讲的是美国杜利特等驾驶B-25中型双发动机轰炸机轰炸日本东京的事，封面上配的却是B-29重型四发动机轰炸机。出现重大错误的呢，一本讲甲午海战的书，封面配的却是日俄对马海战图。

《中国思想家评传丛书》的封面设计，从内容上说，很有寓意：一件钟（春秋战国），半面镜（汉朝），以此两件青铜器为主。既显示了中华民族悠久的文化传统，又双关地表露出内涵：振聋发聩的教化性，明察秋毫的镜鉴性。从配色上说，内行而又考究：白底色，配以浓淡不等的豆绿色纹饰，再以黑色标出那最重要的，即书名、作者、出版社名称等。书脊十分醒目，且在丛书和本书书名之间加上金色小方框，标出序列号。

按，书脊醒目便于销售和插架与寻找，早已是设计者的

ABC，常识性问题。可是看看书店里上架的情况，书脊黑乎乎一片，是什么书，不清楚。真是连钱都不想要啦。徐调孚先生曾说过，用什么颜色的纸作封面，最好多保留此种色，作为底色则最为相宜。这是十分宝贵的经验之谈。每见白纸印成全黑，实为浪费。这套书以白色为底色，不追求时尚的怡红快绿，而配以淡雅的冷色，又加以全套摆齐上架后的金箍一道，具见设计者匠心矣！

从《丛书》全局观察，鄙见以为，此三种特色，构成了本丛书的三个从外在到内在的特点。具体到《宗喀巴评传》（南京大学出版社1994年版），窃以为，此书也有从内在到外在的五大特征。且容在下一一道来。

第一点是，以大内行写短评传，毫无草率之像，而是如狮子搏兔，用尽全力。以少胜多，脉络清楚，深入浅出，于普及中寓提高之意。这一点，您只要塌下心认真读下去，定能慢慢体会。如人饮水，我也不必多说。

第二点是，使人爱读。做到这一点可就不容易了。因为对于非藏族的和不研究藏传佛教的人来说，大家对宗喀巴都很陌生。对藏传佛教的理论呢，接触过或者说有兴趣了解的人恐怕也多不了。要写出引人入胜的文字，那可是难上加难。王老哥的特长却正在于此。他的文章文采斐然，这是有口皆碑的。即如我现在手头上的《中国文化》第十三期中载柳存仁先生之文，文中对王老哥所译藏文《罗摩衍那》的译笔就颇为称赏,认为"口语活泼尖利",对"难译之韵句""能保存民间文学之原有风貌"。持以研究《评传》,发现更上一层楼矣。

再一点是,言必有据,注释特别多。这对于想要在阅读此书后进一步找资料学习的读者来说,提供极大的便利。同时,这也自然而然地显示出此书属于"学者型"的品位与风貌。必须提到的是,排印者不怕麻烦,采取了随页注的排印方式。它增加了排印与校对等环节的难度,却大大地方便了读者。这也显示出尽心竭力为读者着想的用心和精品意识。

第四点,与上一点有联系的是,书中排印多种外语,梵文对音、藏文对音、英文、德文、日文等等,这对于爱好专业的读者,无疑会是大有好处的。但对于排印者肯定是增加了极大的负担。现在国内这样排印的书籍不多,有的勉强排印,也不够理想。此书却是排得疏朗有致,看起来一目了然。出版社是下了一番功夫的。在此特为揭出,庶不没其苦心焉。

最后要说的一点是,此书带四种附录,有人名、书名、重要词语三种索引。这都是西方学术著作出版时必备的项目。特别是索引,如果没有,就会令人感到不像学术著作的样子。

在我国,虽然经过有识之士多年以来的提倡,可是限于各种主客观原因,就是推行不起来。此书是一本小书,本来不一定非得打扮得如此面面俱到,可是却这样做了。它起到某种示范作用，令人不禁欢喜赞叹。至于这样做的效果呢，当然是对于读者极为有用了。可惜，由于我国书籍中如此做法的不多，一般读者好像还不太重视，不太会使用。应该在高等学校中普及这方面的知识才是。

  上述五点，鄙见以为可以算是此书五种明显特征，或者说是优点。总的说来，此书特色可以借用前人对唐人传奇小说企图达到的最高境界来评价，就是"才学识"三者俱全，形神并茂。至于此书内容，笔者也是一名正在学习的老学生，刚入门，只可藏拙。略感不足的倒是定价不菲。窃以为，无妨多出平装本，用纸低一个档次，售价便可大大降低。卖五元、七元一本，买的人就不会少啦。此书出版是有资助的。看来，组织者也不以营利为目的。那么，出版者就该向读者多让利啦。您说，是么？

1995年

《汤显祖全集》和《中国科学技术史·化学卷》

一

我国老一代著名古典文献学者、文学史特别是戏曲小说史研究名家徐朔方先生笺校的《汤显祖全集》，煌煌四大册，已经在1998年底由北京古籍出版社出版了。

下走管见，此书称得上是1998年度极为优秀的古籍整理作品。一年以来，这样的扛鼎之作也不是很多。

建议有兴趣的读者：首先细读全集前所附的"前言"和"编年笺校汤显祖全集缘起"。

这两篇文章，不但把这部全集的内涵和笺校经过等交代得清清楚楚，同时还是两篇意兴飙发、感情喷溢、学问"有点儿往外漾"的抒情散文。约在二十余年前，初读钱默存先生《宋诗选注》中相当于"大序""小序"的文字，就产生过类似的感觉。于今又在读此二文时重新体验一过。可见，老一代前辈大家蓄积深厚，又多年专一于一项学术，故能有此一番情生文、文生情的表白也。

下走还想要说的是，自有人为汤显祖编"全集"以来，当以此书为压卷。"后来居上"虽然像是历史规律，但不足以说明此书为什么突过前人。压卷，拙见是说，第一是最全；第二才是更重要的：学术性最强，处处表现出是大学者干出的活计，所谓"出色当行"是也。"诗文卷"中的"笺"最出色，最见学问。那些个人名，真够人一查的；涉及的史实、时事，特别是当时佚事，有许多早已湮没不彰，更为难办。书中注来得心应手，真让下走这种半瓶子醋挢舌不下。举例嫌太多，读者自行阅读，细心体会吧。

下走再想说的是，中国的老知识分子，其敬业乐业精神实足以警愚顽，泣鬼神，催人泪下。不管经过什么样的风雨，只要脑子还能转动，稍微给他们有限的条件，马上就会自动奋蹄。这样的痴迷，只能用伟大的文化传统在他们身上深深扎根来解释吧。我想，青年人应该向老前辈学习的，恐怕首先不是业务，而是这种民族精神。

最后要说的一点是，北京古籍出版社是北京出版社的分社。北京出版社是个大社，有时候用力不平均，倒也难怪。这次却是个例外。从责编到美编，从编辑到印刷，可说全力以赴。可见，出精品不难，唯在兢兢业业，同心协力耳。要是能多出点这样的书，那有多好。微觉不足者，售价太贵，平装书尚达130元之天价。

二

中国的化学家虽多，以化学史专门名家的却极少。谁不爱搞本专业尖端呢？把史的部分留到晚年提溜不动新专题时再说吧！肯搞中国化学史的人更少。

除上述原因外，可能还有：

一、中国古代化学资料很难解读。中国科普创作研究所老所长郭正谊学长曾叫我标点一篇与化学有关的"赋"，我研究了一个星期，简直通读不下来，交白卷啦！

二、炼金术是中国化学史的重要组成部分，可是，在相当长的时期内，受极"左"思潮的影响，被认为是给王公贵族服务的玩意儿，视同禁区。

三、在中国科学史研究方面，各门学科的发展很不平均。如数学史，资料积累丰富，史家辈出。医学史和药学史，具有中国特色，还能联系当代实际。陶瓷史，近当代考古发掘材料源源不断。化学史则常遭别的史如医药、陶瓷、酿造、冶炼等工艺史孽扯。

四、出书与靠此项成就提职称都相当困难。因而，现代的中国化学史研究，自筚路蓝缕的老一代吴鲁强（1904—1936年）和李乔萍等人以后，可就路静人稀了。解放后的成果，往往以简短的论文形式出现，最多集成论文集。不连贯，难以连缀成系统。

蜚声国际学术界的李约瑟老博士，从30年代末亲自动笔，撰写他主持编写的巨著《中国科学技术史》中的"化学卷"，早已出版，中文本经台湾刘广定先生翻译出版。国际和国内，提到有关中国化学史的相关问题时，经常征引的就是此书。我们虽然不是狭隘的民族主义者，可是，中国人研究中国的某种历史，还要奉外国人的著作为圭臬，总是汗颜的事，只怪自己没有出息吧。

这回行了，赵匡华、周嘉华两位先生撰写的《中国科学技术史·化学卷》，于1998年8月由科学出版社出版了。据门外汉如下走者之浅见，此书诚为空前的里程碑型开山之作。属于争气式！

恩格斯早就说过："在这一时期末（按：指的是13—14世纪的欧洲），化学以炼金术的原始形式出现了。"（《自然辩证法》，中文译本1971年版第162页）炼丹术属于早期的炼金术系统，在中国出现甚早，秦皇汉武都让方士给蒙过；唐太宗还专门请来南亚次大陆的僧人，吃下他炼的丹，毒发而死。至于炼金术,中国小说中描述的受骗上当故事可不少呢!两三千年以来,中国人耗费大量资财,搭上许多人命,总结出的炼丹和炼金术技术资料不少。《道藏》就是一个资料库,集中保存这样的资料许多。宝山具在,唯在有识见有能力的志士前往开发之耳。

应该说,李约瑟博士以前,中国人从现代化学角度研究中国化学史,如吴鲁强、黄素封等,虽然注意到从炼丹术入手,但限于当时的思想和学术水平,只能浅尝辄止。中国古代化学史,可以说大致上是两种史的总和。

一种是化学工艺史,包括冶金、陶瓷、酿造(如造纸,造酱油、醋、豆腐、印染等,大本上都可算进去),这是应用化学,即以化学手段创造、制造各种物品的历史。它们不是严格意义上的化学史。讲化学史,应该讲到它们,但不能当作重点。它们有自己的专业史。另一种是古代的炼丹术和炼金术,始终处于乱做化学实验阶段。那才是真正的化学,其中包括医药化学。这一点在中国显得特别突出。中国的药物,除了严格意义上的草药以外,人工提炼的,百分之百是炼丹术的产物,构成中国原始化学的重点内涵。但是,炼丹术涵盖的可不只是丸散膏丹(特别是"丹")。中国古代化学史的主要部分,必须放在描述与研究炼丹术和炼金术上面,这已经是当代学术界的通识了。

李约瑟老先生的专业是生物化学。他把炼丹术史的研究作为中国古代化学史的重点，极为正确。但是，从研究方法看，赵匡华先生等位的著作却前进了好几大步，具有以下特点：

一是，从古书上找相关记载，大家都是这样干的。可是，从搜寻的方面之广来说，赵先生两位这部书可说是前无古人了。有"中国古代化学史料的检索"一节可证。据赵先生对我说，从搜集到阅读初步完成，前后三十年。这还不算，还得搭上消化、组织、使用的十年！从毕业后进入北大分析化学专业，直到退休以后的二年，四十年的课余光阴大部分都放在这里面啦！光自学古代汉语等准备工夫，业余的时间几乎全都用上了。中国人理解母语，究竟悟性比洋人略高一层。看赵先生等对史料的解释与运用，书中隐隐含有可资与洋人对比之处极多。究竟谁的对？读者自有公论也。

二是，在炼丹术的记载中，本行当的术语极多，连贯成句子更难以确切理解。光猜测不行。最好是自己动手做化学模拟实验。实验中对照资料，改正并加深理解。赵先生等位如此工作近30年！绝大部分的依据资料的论述，都有模拟实验先行。应该说，其中有许多这方面同行的功劳。如亡友孟乃昌先生，据郭正谊老哥说，在孟公未搬进楼房时，所住平房后院砌有丹灶，只要一冒烟儿，邻居就知道一篇论文接近完成啦！下走目击，赵先生则使用烧瓶坩埚，手段先进而提炼纯粹，超越古人远矣。

三是，解放后我国考古事业极为发达，出土文物检测提供第一手资料；对传统手工艺的社会调查，这几十年也呈风起云涌之势。这倒是我们国内独具的优势。此书极大地利用了这一优势。观其小注均有根据，不可不读，实为数十年来国内成绩之大检阅也。

最后，必须指出，赵先生等位的科学家的道德堪称模范。他们只凭事实，说自己的话。对国外同行特别是先辈的错误认识与不当论述，一字不提。实际上，据下走初步对照阅读，那里面的问题起码在百分之六十以上。大致上都是因为他们没有做到如我们上述的三点所致。

下走指出这一点，也只是想说明赵先生等位成就的巨大及其在国际上的领先地位而已。此书异军突起，一鸣惊人，但这样的高峰型成就，系以赵先生为核心，团结一批友好和自己的研究生群策群力多年积累始成。这些人堪称我国在"赵导"团聚下的"赵家军"！

三

> 冷雨敲窗不可听，挑灯闲读《牡丹亭》；
> 人间更有痴于我，岂独伤心是小青！

这是脍炙人口的薄命才女冯小青的著名诗句，可称一篇诗化的书评。小青（合成一个"情"字，姑不论是否实有其人）虽说是为《牡丹亭》中的女主角伤心，实际上是倾倒在汤显祖的笔下。当然，著者之能折服评者，原不仅在文学作品中。

中国的真正的知识分子，不论是干哪个行当的，据下走看，都有一个共同的特点，就是自少至老，十分执著于自己的事业。不管遭遇到什么样的挫折与打击，只要给他们一定的条件（一般说来要比外国学者苛刻得多的条件），包括时间（少开会，不挨批斗，坐得下来），起码的资料与实验条件等，马上故态复萌，又自动地干起来了。

有这种痴迷的劲头并做出优秀成绩者不少。前举徐、赵二先生的书都是最近出现的鲜明例证。听说孔繁（常自动简化为"凡"，不依辈分排字，窃以为不宜）礼先生巨著《苏轼年谱》三大册百余万言已经在中华书局出版，十分歆慕，待得骗些稿费来，便托贾元苏女史打折扣去买。孔先生更是一位痴迷之人，为了苏轼等事，竟然自动摔掉铁饭碗，使不才如我钦佩之至，也吓得直哆嗦。我常想，我就够傻子的，专门以阅读古代文献当抽烟卷儿看电视过瘾消遣。可我只是个读者，刚够等外傻子资格；小青已经入迷，成为"影恋"（潘光旦先生鉴定），算二等傻子；头等痴迷者，当推徐、赵、孔诸位先生矣！

"人间更有痴于我！"不免欣慨交心。

（原载于《书品》1999年第2期）

《唐诗三百首新译》

敢在《唐诗三百首》这部书上动真格的，可不是一件轻易的事。

笔者以孙琴安先生《唐诗选本六百种提要》（陕西人民教育出版社1987年9月版）为指南，参稽直到1992年的新书目录数种，按图索骥，发现：

一、从现知有此种书目纪录的唐代开元年间，到1992年，约一千二百七八十年间，中外所出唐诗选本，总在千种以上。在中国各类文学体裁的选本中，也数唐诗选本数量最大。它说明：唐诗的读者众多，经久不衰，因而对读本特别是选本的社会需要持久而巨大。这就吸引着诸多的选家、注者和出版者向这方面致力。

二、唐诗选本的淘汰率极高。这千余种选本，能始终风行，经历各代考验，一枝独秀者，唯《唐诗三百首》而已。进而推究：此书自清乾隆二十九年（1764年）编成付梓后，风行海内外二百余年，其故安在？

这一点，已有若干篇文章，包括注本的前言、跋语等，进行过探讨。大致的看法是：

（1）选家心目中有较明确的读者对象。它是为初学的，又考虑到"白首亦莫能废"，所以选编成一部能为社会上各读书层次普遍接受的，在普及的基础上提高的课本型读本。其读者面广泛。

（2）从"质"上看，所选大致为经过千余年考验的脍炙人口的名篇。在重艺术性的同时，兼顾其他用途。

（3）从"量"上看，取中小型选本形式，分量适当。

这二、三两项，是接受前人选本经验教训的结果。

（4）编选者蘅塘退士写了相当多的简短批语，启发读者。

以上四点中，前三点是主要的。《唐诗三百首》主要靠选诗精当容量合宜取胜，批语并非必需，没有注，却是个缺陷。在清代，阅读古典作品需要注本已属必然。因而，清代中叶以来，为《唐诗三百首》作注者多家，早期名注，有章燮《唐诗三百首注疏》，陈婉俊《唐诗三百首补注》等。上举两注本，至今不断印行，发行量当以百万计。现在要找一部接近蘅塘退士原版的无注本，却是很难的了。读者需要注本，这也是个旁证。

可是，对于当代一般读者来说，不但唐诗愈来愈成为古典的，就是清人的注，从内容到形式，也是古典的了。只能凑合着看，收获则极可能是少、慢、差。这也是时代使然，对读者是不能太勉强的。

于是，当代的新注本蜂起。笔者知见者约十余种，大都各有所长，各具特色。赢得许多专家称誉的，当推金性尧先生《唐诗三百首新注》（笔者所见为上海古籍出版社1981年新1版第2次印本）。金氏以老斲轮加工大路活儿，精雕细琢。初学者当然可以从中获取正确引导，却不一定读一两遍就能懂得那些隐藏在注释特别是说明中的皮里阳秋。金氏的书，实在是一部寓提高于普及的著作，不仅为初学说法也。

新注本中更有新品种，就是带现代汉语译文的加注本。笔者少年时见过民国年间的一两种坊本。印象是，译文似乎是为补注释之不足，带有串讲与说解性质。读来疙疙瘩瘩，毫无诗味。解放后的新作，就有质的变化了。译者多为名家里手，每从再创作角度用心。如倪海曙先生《唐诗的翻译》，堪称名笔，应用当代北方口语再创造的气氛浓烈。《唐诗三百首》的译文，笔者也见过两种，现代汉语水平蛮高。

陶文鹏、吴坤定、张厚感三位先生的新作《唐诗三百首新译》，北京出版社1993年4月第1版，是最新的一部，堪称集成之作。

所谓"集成",涵义是多方面的。它虽以"新译"自名,可不只是译,包涵作者生平简介、原诗标点(有的诗句在注中附必要的校语,实为点校)、说明、注释、今译五个部分,可说五脏俱全。与不齐不备诸本相比,斯可谓一方面之集成焉。

至于各部分的内容呢,窃以为,可以"雅正"二字总评之。说具体些,还可将内容按两大部分分别评论。

先说不属于译文的那些部分。原文点校不失矩矱,自不必说。作者生平、说明、注释等说解部分,可说是简而明,要言不烦,有则有式,规矩,讲究,有循循善诱之致。初学者读这样的书,最能得益。跟着《唐诗三百首新译》去理解唐诗三百首,包您错不到哪儿去。等您提高了,再读别的不迟。这部书固然因其"雅正"而显得缺乏那么一点幽默和耐人寻味,若辩证地看,兴许还是它有裨初学的一点好处。

本书以"新译"自命、值得注意的更是这一部分。谢冕学长的《序》十分精彩,从译诗的理论与实际说到对本书的期许,面面俱到,而以精炼凝缩的简短篇幅出之,具见功力,不愧大手笔。兹摘引与本书最有关系的一段:

> 要是把译诗比喻主动出击,那么译《唐诗三百首》便是向着经典和巨星的挑战。这需要勇敢,更需要智

慧。人们总是以钦羡的心情注视着这方面的挑战者并期待他们的成功。如今出版的这本《唐诗三百首新译》当然也具有上述品质。本书译者陶文鹏、吴坤定、张厚感三位先生的学养足可胜任此项工作，他们作为艰难目标的追求者，同时还具备了他人未必具有的条件。即他们自己都研究新诗和创作新诗。而古典文学和古典诗歌研究又是他们目前的专业工作，这就为这本译诗的成功提供了坚实的基础。

谢兄还指出，本书译文是"体现了中国新文学精神的诸种体式的现代新诗"，可以"作为中国现代新诗的典型篇什"来欣赏。确乎如此。这些译诗已是可以脱离原诗作而独立存在的新诗，而且"诗备众体"，以与原诗作相适应的不同体式出之，显现多种形式——如方块体和自由体，多种风格——轻快、悲壮、沉雄、纤巧、缠绵，百卉纷陈。新诗诸种体式不同风格集成之作也。

还应指出另一种"集成"：本书系学者、出版者多方通力合作的集成型优秀成果，精雅绝伦，是近年来出版界少见的精品。

三位作者的学识能力，前引谢冕兄序文中已经说到。还可提到，他们又都是编辑出版的老行家。例如，吴坤定学长就是北京古籍出版社副总编辑，责任编辑又是阎慰鹏老哥，准"教授的教授"之例，可称"编辑的编辑"。更有笔者十分敬仰的两位老前辈，中国地名学专家杨济安先生、古籍校点和索引专家高秀芳先生审订，听说匡正之功不小。再加上朱云先生那精雅的设计，配上书法宗师启元白老爷子的题签，谢冕兄的序，如此珠联璧合的一出群英会，真乃"人间那得几回闻"！还有，笔者粗阅一过，竟没有发现一个误植的字，可见校对之细。遗憾的是版权页或护封页上都没有为责任校对留名，实实为之不平，如此精品，如果要评什么优秀图书奖的话，吾将吁请当事诸公：幸留意焉。

写书评，惯例是得提点缺欠、问题什么的，以示评者确曾研读过。那么，咱也提一点，即通观全书，下笔似乎过于持重。表现出的一种征象是对一些新的解释、新的理解不太敢放手使用。要是大胆些、开放些，就更好了。

试举一例。秦韬玉《贫女》中"共怜时世俭梳妆"一句，解放以来诸家注释，格于"俭"字，常不得其解。以至于连上下几句有时都受了连累，以曲解通之。本书中注为："'共怜'句，意谓众人都在追求时髦的时世妆，贫女还保持俭朴的装束。"译文是："世人竞相追求时髦，贫女却保持俭朴的梳妆。"倒是在本句中解决问题，不牵涉前后句，这已经不容易了。

按，《文史知识》1981年第6期席云蓉作《"俭梳妆"解》一文引元代郝天挺《唐诗鼓吹注》中的话："郝注：唐文宗下诏，禁高髻、俭妆、去眉、开额。"按，原诏见《唐会要》卷三十一，系诏书中引群臣奏文，"俭妆"作"险妆"，《新唐书·车服志》亦引作"险妆"。陈婉俊的注即引郝注，虽未下断语，但已表明，清代人有自己的理解，而且看来郝、陈等人的理解是正确的："俭""险"古代常通用，互为异文，"俭妆"即"险妆"，意近于"异服奇妆"。"时世"的意思则是"当代流行"。秦氏诗此句与上句"谁爱风流高格调"形成强烈对照，意思非常显豁，无非是：

风流儒雅的高尚品德和情调有谁能够欣赏？
世人竞相追求时髦都爱好流行的异服奇妆！

上句是本书原译文，下句是笔者试改译文后十字。

诗讲的是高格调的人不被社会理解与接受，而高品位的书又何尝不如此？《唐诗三百首新译》就只印了5000册。呜呼！真的是"谁爱风流高格调"吗？！

（原载于《博览群书》1993年第9期）

承泽副墨

《宋人传记资料索引补编》

《宋人传记资料索引》（以下简称《索引》）一书，系我国台湾学者昌彼得、王德毅、程元敏、侯俊德等人所编，1974—1976年间由台北鼎文书局出版。1977年起，王德毅陆续加以增订。

1988年，北京中华书局出版了王氏增订本，凡六册。第一至五册为索引正文，采用宋人文集347种，元人文集20种，总集12种，史传典籍90种，宋元方志28种，金石文字8种，总计五百余种。此外，还参考了有关的单行本年谱、事状、言行录、别录，以及期刊中属于传记性质的文字等多种。搜罗到的宋代人物达两万二千余人。比此前出版的燕京大学引得编纂处所编《四十七种宋代传记综合引得》多出一倍以上。

更有进者,《索引》采用了一种新的编纂方法,就是:凡人物中有事迹可述者,都根据所集材料写成小传。这就使此书具有人物词典的功能,可说是"一身而二任焉",在索引工作中是一种新的创造,大大地提高了此书的学术性,扩展了它的使用范围。此举曾备受索引编纂学界称道。第六册为《宋人别名字号封谥索引》,对于直接利用宋朝史料的人极为有用,不能把这一部分仅仅看成是只供本索引使用的附录,它有独立存在的使用价值。

无独有偶,1994年8月,四川大学出版社又出版了李国玲女士编成的《宋人传记资料索引补编》(以下简称《补编》)。

古典文献学界尽人皆知,四川大学(今为四川联合大学之一个组成部分)古籍整理研究所正在倾其全力编纂《全宋文》。主持该所资料室工作的李国玲女士是有心人。她根据编纂《全宋文》普查的万种以上图书、碑刻拓片等资料,又着重补查了《天一阁藏明代方志选刊》《名贤氏族言行类稿》《宋大诏令集》《嘉泰普灯录》等重要典籍,编成此书。她以披沙拣金的方法,从万种以上资料中选用千余种,其工作量十分巨大。所得材料,有些极为珍贵。特别是近几十年出土的墓志录文,各大图书馆秘藏的拓片等,均为首次大量编入这类工具书。从这一点来说,也可说是一次创举。

《补编》体例大体遵循《索引》。对《索引》已收的人物，凡有新材料者，《补编》标明原书页码，补录相关资料，计补充资料者六千余人；新增人物则列出资料出处，并撰写传略，计新增一万四千余人，二者合计，增补两万余人，接近原书所收人数。书后也附有"别名字号索引"，其作用与《索引》的那一部分相当。

此二书合用，大致能将搜寻宋朝人物的范围概括无遗。

笔者认为，我们一定要看到李国玲女士从事此项工作的艰巨性、复杂性和重要性。只有理解这一工作重要性的人，只有心无旁骛献身学术的人，才能数年如一日，耐得住一般人难于承受的枯寂，才能保证完成这一精密细致的工作。其次，我们还应该学习李国玲女士，她一方面能看出这一工作的重要；另一方面，能细心拣择，使竹头木屑均化为有用之材。如此大量的披沙拣金的细密工作，非胸罗万卷者莫办，亦非心细如发者莫办。稍一疏忽，便会漏掉眼前的宝贵资料。可惜能耐此寂寞踏实地从事索引编纂的学者太少。

（原载于《古籍整理出版情况简报》1994年第12期）

朱彝尊与《明诗综》

《明诗综》的编者是朱彝尊。"读其书,不知其人,可乎?"自然得先从朱氏生平谈起。

朱彝尊是清代康熙年间著名学者与文学家。字锡鬯,号竹垞,晚年号小长芦钓鱼师,又号金风亭长。秀水(今浙江嘉兴)人。明崇祯二年八月二十一日未时(1629年10月7日13—14时之间),生于秀水碧漪坊一个四世读书做官的人家,1989年恰当他诞生360周年。

朱彝尊的一生,从出生到50岁以前这一阶段,是他读书、著述和漫游、课徒、作幕的时期。从17岁那年清兵下江南以后,他就不应科举,并参加了祁班孙、祁理孙、魏耕等人组织的反清复明小集团的活动。顺治十八年(1661年)至康熙元年(1662年)间,孔元章(孔和尚)告密,事败,魏耕等被捕杀，祁班孙等遣戍宁古塔。朱彝尊逃往宁波，想入海去舟山、台湾，因清廷不欲穷竟，事解而罢。他从此不敢再与闻国家兴亡之事，肆力古学，博通书籍。顾炎武、阎若璩等老一代学者都很推重这位少年老成的新秀。他擅文章、考据两面之长。治史特重金石。

他从20岁以后，不断远游，以幕客等身份，南逾岭峤，北出云朔，东浮沧海，登芝罘，经瓯、越。所至之处，首访金石断缺之文，梳剔考证，与史传参互同异。

文学方面，诗歌工整雅健，与当时王士禛南北齐名。他更是清初一大词派的开创者，以他为代表的浙派（一称"浙西派"）和以陈维崧为代表的阳羡派，在词坛并峙称雄。

康熙十七年（1678年），他辑成词总集《词综》。此书经汪森补订，并集中多人搜采原始材料，"计览观宋元人词集一百七十家，传记、小说、地志共三百余家，历岁八稔，然后成书"（汪森《词综》序），"凡稗官野记中有片词足录者，辄为采掇"；"其词名句读为他选所淆舛，及姓氏爵里之误，皆详考而订正之"（《四库全书总目》）。所以内容丰富，别开生面。朱彝尊也从其中取得主编大部头书籍的经验。

康熙十二年（1673年），撤藩事起，吴三桂举兵。康熙十四年（1675年），吴三桂、王辅臣、耿精忠、郑经等各方武力发展达高潮，以后渐衰竭，直至康熙二十年（1681

年）溃灭。清廷除平乱外，稍有喘息之机，便注意收拾人心，笼络知识分子。康熙十六年〔1678年〕正月，诏征博学鸿词，江南是重点。朱彝尊这时已名满天下，被荐入都。次年（1679年）三月一日考试，卷置一等，除翰林院检讨，充"明史"纂修官，四月二十日到任，史馆五月重新开局（初开局在顺治二年）。从这时起到康熙三十一年（1692年）正月，约14年时间，是朱氏做官的时期。他除参与编撰《明史》外，还曾充"日讲"官，知"起居注"，充《大清一统志》纂修官，不断地"侍班""侍宴""召入南书房供奉，赐禁中骑马"等等，作为阆苑近臣，帝眷也算甚隆了。他又曾典江南乡试（康熙二十年，1681年），以一个原来的"江南布衣"，蒙此昼锦之荣，是康熙拿出样板给江南士子们看呐。

朱彝尊是一个博学好古的学者，居官又在清华之职，康熙晚年朝廷朋党之争这时还没有形成，所以他在北京这几年，也还顺遂。他除参与《明史》《大清一统志》的编纂外，还编成《日下旧闻》42卷，这是一部内容丰富的北京史地资料集成。这些，都丰富了他的编辑工作经验。他的巨著《经义考》，也在康熙二十五年（1686年）开始编集。

修《明史》的工作从顺治年间起，若断若续，始终处于搜集资料、撰写初稿阶段。康熙之意，大约一是以为先朝修史表示清承明祚是正统（特别在三藩将平未平之时），二为借此羁縻一批知识分子。《明史》告成,正好在朱彝尊入史馆60年之后,是乾隆四年(1739年)的事了。朱氏当时却有点认真,"七上总裁书,论定凡例,搜集遗书,请宽其期,毋如《元史》之乖谬"。他又是个书癖,爱好异书,所以先因辑书而"以楷书手自随,录四方经进书",触官僚之忌,被劾(康熙二十三年,1648年);后来终于在康熙三十一年(1692年)罢官,携刚入都的病妻南旋。他的亲戚、知己查慎行,在《曝书亭集序》中说:

> 朱先生由布衣除翰林检讨,充史馆纂修官。其后十余年间,同时被用者多改官去,或列显要,跻卿贰,而先生进退回翔,仍以检讨终老。论者以为当史局初开时,得先生者数辈,专其任而责其成,则有明一代之史必可成,成亦必有可观。若以未尽其用为先生惜者。余独谓:立言垂世,先生固有其不朽者在,而史局不与焉。

史局也有好处,它锻炼了朱氏编辑大部头书稿的能力;使朱氏见到了许多史料,特别是明代史料;并以抄录书籍等手段丰富了朱氏自己的藏书。

退休后的近20年间,是朱氏总结自己的学术成就的时期。他一面继续漫游华南、华东,一面努力著述。重点一是继续编辑《经义考》，二是主编《明诗综》。

《明诗综》是朱氏主编的明代诗歌总集，100卷。朱氏亲自选录，其友人汪森、朱端、张大受等人分卷辑评。录存明代诗人3400余人的作品。朱氏意在成一代之书，故求全图备，自洪武至崇祯历朝作者大致网罗无遗，除重要诗家如刘基等选入百首以上外，一般小家只选一二首。其意在或因诗而存其人，或因人而存其诗，而不在作者是否为有成就的诗人。编辑体例，首卷录明室诸帝王之作。第2卷至第82卷，按时代先后编入诗家作品，对于明末死封疆之臣、亡国之大夫、党锢之士、遗民之入清在野者特别注意，广为搜罗。但因惧触清廷之忌，所选含而不露之作较多，远未能选出此时期的代表作品。第83卷至99卷，分别辑录宫掖、宗室、闺门、僧道、土司、属国、神鬼等诗。末卷录民间杂歌谣辞155首，以备一格。

明诗总集，当时有康熙初年刊行的钱谦益《列朝诗集》。康熙三十七年（1698年），钱谦益的族孙钱陆灿曾汇集《列朝诗集》的小传为一编，单独刊行，名为《列朝诗集小传》。钱氏书可说是朱氏书的前驱，都是仿金代元好问《中州集》而纂集的，旨在以诗存史，保存一代文献，所以其编辑体例一如元好问的做法，以诗系人，以人系传。可以说，钱氏、朱氏都是由修史不成而改修"诗史"。

钱氏书在康熙时颇为时人不满，其中有政治原因，也有书中固有的缺点。朱氏书后出，对钱氏书借鉴极多，也作了若干改进。比较二书，可以从两个方面谈谈我们的看法：

一、朱氏书在小传集评方面颇有斟酌，注意"史法"。应该说，钱氏为每个作者所作的小传，介绍姓氏爵里生平，品评其作品得失，资料比较丰富，有些记述在今天已是罕见的史料，弥足珍贵。

钱氏本人作为当时的大诗人，小传中有关诗的评论，常常有精辟独到的见解。在谈及诗家不同流派时，略有门户之见。但钱氏信笔写来，各传长短不一，轻重不等，常存佚事而有乖"史法"。朱氏则是以作史注史之法写传，十分整饬，他给入选诸家作小传，仅略叙始末，作客观介绍，不似钱氏书之有时横牵他事，巧弄讥弹。但朱氏书于里贯之下，分载诸家评论。朱氏自评附于最后。资料比钱氏书丰富。有鉴于钱氏有只凭门户之见以致毁誉不当之失，朱氏评论明人诗较为持平。朱氏又长于史学，所选明诗又多朝政得失、人物臧否之作，评论亦多涉及一代掌故，常可补史乘所不及。所以后人对朱氏评论甚为重视，经姚祖恩自书中辑出，编为《静志居诗话》24卷单行。

二、朱氏此书采集部2000余家，著录3400余人的作品与资料，比钱氏多一倍以上。其资料丰富胜于钱书，也是有目共睹的。

朱氏编书，曾听取了当代许多名家学者的意见。如王士禛就曾供应他许多人的诗集资料，并提出个人见解。朱氏对这些朋友的见解，从多方面考虑，是要认真对待的。他虽对钱氏书多加采撷，但为成自己一家之书，并考虑当时对钱氏的舆论，自然也要多持异同之论。何焯说，朱氏此书奉陈子龙以斥钱谦益，而书中往往袭取谦益余唾。但是，《史记》抄《左传》，古史家习以为常，未足为朱氏病。此外，朱氏做了十多年文学侍从之臣，对康熙的文化政策也多少有些了解，不能不影响到他的立论。所有这些因素，不免或多或少地反映在他的评论中。他不薄七子、钟、谭，能作持平之论。他把遗老之殁于清初者尽归之于明代，也是有胆有识的卓见。他纂书在清朝坐稳天下之后，所以敢对明末抗清死义之士诗作大加搜罗并立传；如夏完淳诗录至11首之多，并作佳传。这也是钱氏限于时代所不能为的事。可是朱氏罢官之后，谨畏过甚，对明初文士罹祸者，多以"侧危"目之，以从侧面显示自己的"忠爱之忱"。所录顺治、康熙时遗民之作，凡稍触忌讳者，就代为改削，所以后人讥笑他欲以此书拟史而未可称为直笔。当然，这也是时代和个人遭遇的局限。

大体上说，朱氏对钱氏书的资料，能利用的都尽可能利用了，又做了大量增补。选诗与评论，各有千秋，也各受时代影响。论编辑体例与加工，则朱氏书后出转精，实在钱氏书之上。

《明诗综》有康熙四十四年（1705年）自序六峰阁刊本。书成后四年，康熙四十八年己丑十月十三日子时（1709年11月14日23—24时之间），朱氏殁于家中。1989年又恰当他逝世280周年。

（原载于《古典文学知识》1989年第4期）

《清人诗集叙录》

《清人诗集叙录》80卷，近230万字，已于1994年8月由文化艺术出版社出版。

此书的编者是袁行云先生（1928—1988年）。袁先生出身江苏武进袁氏，诗礼清门。少承家学，好古求实，于文学、史学、经学、金石、书画等无所不通，无所不精。毕生致力于版本目录之学。生前任中国社会科学院历史研究所副研究员，积劳早逝，学术界相知无不叹惋。

袁先生才华富赡，年未弱冠，所为新旧体诗文已有"烟月扬州"之誉，而后浮沉教育界30余年，课余以著述自娱，不轻以示人。他的学术研究大都发表于80年代，为世所知者不过十年，而声誉鹊起。所撰《〈书目答问〉和范希曾〈补正〉》一文发表后，学术界认为"三十年来目录学最佳论文"之一。1983年,齐鲁书社出版他所编的《许瀚年谱》,日本学术界评价很高。

《清人诗集叙录》是袁先生一生心血凝聚的力作,肇始于50年代中,积30余年之力,著录清代诗人2511家之诗集,先生自云计划中尚有千余家,而潜伏多年之病变已作,精力不足以副之矣。

此书的收录原则,是"以内容多涉及清代时事与社会生活者为标准"。

全书以集为目,条目之下均系以作者传记与相关史事考辨为主的提要。提要之后大部分均附录有关诗文,用意在证明史事,提供资料。举凡原集中相关的山川、名胜、政治经济、学术、文化与民俗等等史料及有关史实线索,尽量举要钩玄。特别注意掇拾小说戏曲、少数民族、中外关系等方面的资料。其中未见他书称引的罕见材料极多。各个提要中注此存彼,网络经纬,融会贯通。如此,一方面可使读者通过阅读提要,已知原集大概与集中重要史料,便于和引导读者进一步探索。另一方面,纠谬补缺,考证思辨,辑佚发微。再一方面,从文学批评的角度纵论诗风,剖析源流,畅言得失。

综合起来看,本书是一部清诗研究的工具书,也是一部历史和文化史资料书,又是一部文学批评专著。本书的责任编辑赵伯陶先生,曾在《博览群书》杂志1991年第8期上发表《袁行云和他的〈清人诗集叙录〉》，较详细地说明了此书出版经过，以及全书特色，有许多精彩的例证。限于篇幅，不再引证，请有兴趣的读者自己参看。

说到此，就必须说一说此书的责任编辑赵伯陶先生。

笔者与赵先生在北大前后同学，时相过从，深知其为人古道热肠，学术根植深厚，工作踏实负责。

《清人诗集叙录》这部书稿，赵先生从入手经管到设法使之出版，前后十年，其间还经历了袁先生病榻"托孤"悲壮凄凉的场面。在当前出书难的情况下，出版这样的书，出版家肯定要考虑再三。赵先生由于自己的工作调动，把书稿由北京中华书局带到文化艺术出版社，排除万难，终于完成了这一项旷日持久的、我原来认为绝对不可能完成的作业。可以这样说，如果没有赵先生的艰苦卓绝的努力，这么一部书肯定出版不了！当然，出版社领导的支持和全体同志的协作也应该大大地肯定。

可是笔者总觉得，赵先生不负故人，放弃自己的许多学术工作——他是一位颇有成就的诗词研究和民俗研究专家，有若干著作行世——来干这一件投入精力极多而近期效果难言的"傻事"，真是让我佩服到家了！

（原载于《中国典籍与文化》1995年第3期）

承泽副墨

《清人别集总目》

　　李灵年、杨忠两位大学长主编的《清人别集总目》久为目录版本学界、古典文献学界、历史学界与海内外学界其他各领域瞩望，而今已由安徽教育出版社于2000年7月出版。此事堪称20世纪末学术界与出版界的一件大事。

　　为什么笔者敢这样说？就因为若能善于读和用这部《清人别集总目》（以下简称《总目》），便可逐步地理解它：它不是一部一般性质的单纯的"书目"，它有多方面的用途；若深入地阅读它，大可为知人论世之助。

　　清人别集存世之多，料想大大超过此前各个朝代。除了时代近这一因素，清代文风极盛、文人众多也得算一个因素；印刷业发达又得算一个因素罢。虽然那时候刻印文集得付刻印费用，更谈不到稿费一说，但是，各地编纂刻印别集者风起云涌，基本

上是为留名后世着想。也有在当时和后世具有使用和参考价值的因素,屡经翻印者必有此种因素起作用。试看下举两例:

宜兴任息斋茂才(元祥)殁后,诗稿贫不能刻。其妻黄氏蚕绩刺绣,积十余年,倾资为梓以行。集名"鸣鹤堂"。某赠联云:"一卷刻成名士集;十年费尽美人心。"盖如黄氏者,可谓贤矣!

(梁恭辰《楹联四话》卷一)

商宝意诗集刻成,有人摘其疵累,余为怅然;仲小海曰:"但愿人生一世,留得几行笔墨被人指摘,便是有大福分人。不然,草亡木卒,谁则知之?而谁议之?"余谓此言沉痛,深得圣人"疾没世无名"之意。然古来曹蜍、李志,又转以庸庸而得存其名,岂非不幸中之幸耶!宝意先生有句云:"明知爱惜终须割,但得流传不在多!"

(袁枚《随园诗话》卷三第四十五则)

按,诗文集的传与不传,受多种因素影响。可是,其本身的质量与在当时和对后世的社会影响等似乎在冥冥中起相当大的作用。

例如,清代前中期文字狱频繁,对"贰臣"的著作有一阶段也查禁得很紧。政治上的"禁书"很多,多半为诗文集与史书,查出来是要杀头的,就是讹诈私了,也得破财。《儒林外史》第十三、十四两回中,马二先生帮助蘧公孙了却旧枕箱一案,就是清中期文网事件的折射。好在还没有勾出那"不可轻易被人看见"(第八回中蘧太守语),而竟被蘧公孙不知利害刻印"几百部"送人的《高青丘集诗话》,否则,殆矣!不过,政治的力量是暂时的,反复无常的,而且后来反弹的力量往往更大。例如吕留良(见《总目》389—391页)、屈大均(见《总目》1520—1522页)都有明显反清倾向,他们的集子,不但刻本、抄本在两百多年中暗中流传未绝,清季、民国到当代,新印本迭出,后劲特大。钱谦益(见《总目》1835—1839页)的集子以"贰臣"等种种关系遭禁,可是从清季起却大行其道。这些都是很好的证明,《总目》中反映得十分清楚,举一反三,唯在善读《总目》者耳。

再说靠作品本身有用而不断翻印流传的,如我们上举的任元(后改"源")祥(见《总目》474页),大约在崇祯八年(1635年)他17岁时进学为生员,明亡后不事举业,以佐幕为主,成为当时有名的"师爷"。他的文章大致都与那时的政治、经济、法律和科举等有关,他写的诗歌,也足为官场中酬应者参考。他死于1675年(《总目》阙载卒年),享年57岁。那么,黄氏刻印诗文集告成当在1684年(康熙二十三年）左右。就算黄氏比他小20岁左右，也是靠近50岁的人了，美人迟暮矣。因其书于佐幕有用，所以乾隆（衙门刻的）、同治、光绪年间递有刻本。当然，大体上都是规抚黄氏初刻本的。若当初仅靠抄本流传，失传的可能性当然会大些，甚至会很大。

那么，有刻本的，就比仅有抄本的流传的可能性绝对地大么？辩证地看，当然是未必。从刻印的角度看，起码有两点在起作用：

一点是印刷总数多少，因为以清代的印刷力量来说，由于中国雕版印刷只要刻成了版，就可以在几百年的时间内分期分批印制，少到一部也行。版坏了还能补，所以一次大量印制，如当代的成千上万部者，几乎是没有的。就连一次印制后很快拆版的活字版来说，著名的大类书《古今图书集成》皇家初印铜活字本也才印成60部，私人财力有限，也就是按当时需要印制供应罢了。

另一点也与经济力量密切相关：私人财力各家相差悬殊，缺钱而卷帙多的，往往就得粗制滥造了。如尤侗（见《总目》195—197页），那是以"飘零法曲传千载，游戏文章达九重"著称的，顺治御口称为"真才子"，康熙亲呼"老名士"的。他的集子版本很多。可是，笔者所见的早期家刻本，刻印差，用纸更差，现在揭开便如蝴蝶飞舞矣。

再则，从流传的范围看，私人文集往往受地域限制，传布不广。当代有各种全国性的图书交易会，但笔者想买一本地方小出版社出的书，特别是前几年出的书，仍然极为困难。将今比古，那时的传播情况可知矣。

啰唆这些，乃笔者初读此书"知人论世"的一些心得体会。它说明，从各种不同的角度钻研此书，透过它反映出的表面上似乎是很枯燥的目录条文，往往可以透视出许多社会现实。读书即所以读人，是在于善于读书并读人也。另一方面，从古书流传的困难，折射出《总目》编者作成此书的不易，以上天下地罗雀掘鼠喻之，当不为过。

以上论此书的一种读法，并从而透视出其成书之艰难，以下进一步讨论此书的内涵与功能。

此书绝不是一部单纯的简单的一般性的图书目录。其"前言"中特别提出：

> 立足于为进一步的研究服务，本着挖掘清代文献资料的指导思想，一切从有利于研究出发，以使用方便为准则。不受传统书目体例的限制，因而在编纂体例上有所突破……"具体说来，主要有如下几点：（一）著录广泛；（二）多列版本；（三）详注馆藏；（四）书传结合；（五）便于使用。"

其中，第一条以"著录了清人现存的近二万名作者的约四万种作品,超过了前此任何著录的数字"这一句概括,便已足够。第二条的实践结果,使此书成为一部真正全面著录版本的"版本书目",单就其著录范围内的成绩来比较,大大地超越了以往各种版本书目的分量。第三条"详注馆藏",虽然限于人力物力,以所知为限,不像《中国古籍善本书目》那样备录馆藏,但供大部分专家就近使用大馆藏书,已经很不错了。

第四条"书传结合",是此书的最大特点。其"编例全新",主要体现于此。这就使此书成为一部超书目以上的"综合性清代文人资料索引"。首先,它有作者小传,并附有详细的碑传资料索引;光这一部分,就是王德毅等位创始并为学术界广泛使用的"宋人""元人""明人"等"传记资料索引"的沿袭与发展。其次,它还附有同样极其有用的"图像索引",这也是颇受学术界重视与好评的《中国历代人物图像索引》(瞿冠群、华人德主编,江苏教育出版社1994年出版)等人物索引的沿袭与发展。上述两类专门性索引,凡经常使用工具书者,无不仰赖。今竟合双美于一书中,快何如之!诚如此书《前言》中所云:

> 实际上已可视为清代诗文作家的专门性辞典……严格地说,《清人别集总目》的题名并不能准确概括本书的全部内容。

旨哉斯言！

笔者曾在为几部工具书所写的几篇书评中说过类似的话，即：品评一部工具书的优劣及其中的具体问题，需要许多年，经过作者、使用者、特别是广大读者在使用中去体会、去发现。刚刚出版时匆匆写出的书评文字，断断不宜在此书"下车伊始"之时，胡乱地品头评足。然而，写书评的人总算是比较认真地读过原作的读者之一，如果非得说几句的话，那么，笔者愿意说的还是那句老话："书囊无底。"

具体到工具书，也就是说，任何大型工具书，犹如恩格斯在其军事论文中提到的巨型装甲主力舰，是那个时代最高科技水平的结晶。可是，由于科技（对于工具书来说则是所属学术范畴）水平飞速发展，使主力舰在一下水时就已过时。但是，打造一种大型工具不能一蹴而就，所以，使用的舰龄起码延续数十年，唯在不断进行局部改造而已。

对《总目》，拙见所及，建议再版时小小地增补，或说挖补的是：参考新的相关信息，进行小修小补。如上述笔者所引的对任元祥卒年的补充，即出自江庆柏先生的《〈中国文学家大辞典·清代卷〉人物生卒年订补》一文，连载于《古籍整理出版情况简报》1999年第5、6两期上。

（原载于《书与人》2000年第6期）

《中国诗话辞典》

北京出版社1996年出版蒋祖怡等编的《中国诗话辞典》,是一部中型的资料性与学术性相结合的中国文学专科辞书。拙见以为,此书起码有两大特点,或者说是优点,值得提出:

一点是,从出版选题来说,最好是干前人未曾干过的,哪怕是变个花样干也比东施效颦要强。这似乎是老生常谈了,但是出版界就是有那么一些人,老是跟在人家屁股后面跑,甚至有一哄而上之势。这一点在近年来中国文学专科辞书的出版方面颇具典型性。

这部书却是独具只眼,选择了尚未受到注意的中国古代诗话这一选题。这一拾遗补阙的工作,定能保证它的成功。专科辞书大选题确定后,内容组织分部和词条的选择取舍更见学问功夫。主编是否内行里手，一翻细目便可十知八九。此书布局得当，词条选取精当，颇见匠心。

当然，光是选题好，编纂得差也不行。编这种出新的书，可直接依傍者不多。说白了，就是能照抄的材料不多。即以此书而论，辞目一千二百余条，内容包括诗话理论渊源、作家简介、专书内容评介、术语命题解释等四大部分。这些词条的内容，绝大部分都没有现成的同类资料可供直接抄录。至少也得把几种基本资料理解并消化，然后组织成文。如果认真写作，写一条词条绝不比写一篇小论文轻松。个中甘苦，过来人自能知晓。总之，没有一点献身学术的傻子精神，干不了这种事，起码是坚持不下来。我愿在此向所有的不计名利知难而上者敬礼！

在中国文学理论批评方面，我是个外行，只有当小学生学习的资格。只可就以下两点略抒己见，或可供再版时参考：

一点是，似宜增加几条诗话丛刊的词条，并在内容方面尽量列出所收书名与相关情况。如，本书中已经收入《清诗话》一条，是很好的，词条中未列出细目，使人微感不足。同类的书单列成条者较少，似可补充。如《历代诗话》，仅有吴景旭的汇编本一条，何文焕的丛刊本《历代诗话》，丁福保补充何氏书的《历代诗话续编》本两种，虽在其他词条中引用，但没有独立成条。《诗学指南》《诗触》这些清代乾嘉盛世期间流行的诗话丛刊也未出词条。从搞目录的人的眼光看来，终觉缺憾。

另一点是，写词条是件报酬低的苦差事，有时资料不凑手，容易将就。殊不知，词条在有些具体的时间、地点上必须精确，否则以讹传讹，贻误后来人。即以人物的生卒年来说，能准确表明的当然必须标明。古代的，实在不行，还可宽容。近现代的人则应尽可能明确。特别是不宜搞错。下举两例：

吴宓先生是现代学术大师。此辞典记其生卒年为"1893—？"。实际上，吴先生生于1894年（清光绪二十年）8月20日（阴历七月二十日），1978年1月17日病逝。

龙顾山人郭则沄，此辞典记其生卒年为"1885—？"，北京大学出版社出版的《红楼真梦》之"点校说明"中则记为"1881—1947"。

我为此向郭先生文孙郭久祺大学长请教，承告以：老先生生于1882年（清光绪八年，属马）阴历八月二十八日（比旧定孔子生日晚一天）即阳历10月9日，卒于丙戌年阴历十二月中旬，十二月初十是阳历1月1日，已入1947年。

走笔及此，笔者忽有随感：若是由郭大学长等知情人能多写些准确的资料出来，再由如南京师范大学所办的《文教资料》那样性质的杂志分期刊登，那该多好！

郭大学长为北京大学历史系1952年毕业校友，供职朝阳区教师进修学院,现已退休。要是把这些位老人儿组织起来,干点写作正确、准确的文史资料的事,那该多好!

(原载于《北京日报》1996年8月1日7版)

《中华竹枝词》

先慈极爱诵读和写作竹枝词。自少至老，她不曾停止这方面的创作。可惜，除若干少作外，其余大量作品均在"文革"开始时自行焚稿。

我受先慈的影响，从小也很喜欢浏览竹枝词，只是自知才短，停留在浅尝的爱好者水平之内，从不敢奢望步入作者之林。

可是，从我接触竹枝词五十多年以来，能阅读到的竹枝词作品并不多，特别是近代和现代的作品更少。我想，这是因为这些作品流传不广之故。其中有的手抄本和少见的刻本、石印或铅印本，更是连一般的目录书中也缺乏记载，我连听也没有听说过的。我曾估计，自唐代以下的竹枝词创作量肯定是呈一片汪洋之势，可是从来没有望过洋，就连兴叹的资格都不够了。

早就听说北京出版社要出版雷梦水老先生领衔主编的《中华竹枝词》啦！戊寅春节前数日，这一大套六大本的全集，竟然经由师小平学长的好意馈赠——她已经送给过我足够放书架一格的一大摊书啦——摆在咱的破书桌上啦！

恍疑梦寐，忙擦拭眼镜，调整老眼视距以观之，发现真乃宝物也。喜极！于是想到，应该向广大读者报喜。记得先慈在六十年代中春节逛厂甸，创作的竹枝词有"觅得名花一品红"之句，正可移来形容笔者今时得此书的喜悦之情也。

惊喜之余，更希望与同好诸君子同喜，于是打开初学者最爱玩弄可又搞不好的电脑，慢慢地边想边敲，试作此书的介绍。是玩电脑还是写书评，那就很难说了。

我建议，有爱好的读者，最好先行阅读此书的"前言"。此前言不过五千字上下，却是一部简明扼要的竹枝词产生和发展的历史，当然，同时也是对此书内容的介绍。因此，凡是前言中已经重点讲述到的，我也就不再辞费了。

我能说的是，《中华竹枝词》（北京古籍出版社1997年版）的一大特点与优点，自然是"全"。此书从竹枝词专集、各家诗文集、总集和方志等文献中，汇集唐代到解放前的一千二百多位作者创作的竹枝词两万一千多首。作品内容涉及全国各地区，包括台湾、香港、澳门在内，并附录海外采风所得的11种，内容更是广泛涉及全球。其中百分之八十以上，是我这样的虽自居爱好者之列的人却是初次见到的，实觉汗颜。这种大规模的搜集之功，堪称前无古人。自古盛世方能编辑出版传世的总集和大型定本辞书，近20年这样的图书已经出版不少，此书的出现，又为这种现象增添一个新例证。

能说的第二点是，编者的确是专家里手。这可以初步从两方面来谈。

一是，保留了绝大部分作者的自注，以及大部分原书的前言后语和题跋之类。内行都知道，竹枝词虽说是歌咏风土人情之作，可是限于28字的诗歌体裁，难于展开叙述。而注解恰恰是对内容中具体事物、风土人情、语言（特别是方言中的词语）的明确解释。我曾想过，即以词语一项而论，如果把它们抄撮在一起，就是一部各时代各地区的特殊性质的词语的书证，可以大大补充并丰富现行的各类辞典的内涵。试举此书112—127页《燕台口号一百首》中的自注为例，真可谓美不胜收：

> 烧琉璃为响葫芦，俗名"倒掖（按：应作"噎"）气"。
>
> 卖冰人以两铜盏合而击之，名"响盏"。
>
> 女子出嫁者，于十一月归宁，为母洗衣，曰"报娘恩"。

屋上起花墙尺许，名"响墙"，用以防盗。

葬后三日设祭，名"暖基"。

仅举上五例为代表。此书中所收各竹枝词内类此者极多。

二是，全部作品按地区分类，分别部居后，再大体上按时代先后编排。其间的安排颇费斟酌。现在看来，总体上问题不大。这里面隐隐地显现出编者的学识功力和所花费的大量劳动。

能说的第三点是，我热烈地期待着，学术界，特别是历史学界、语言学界、民俗学界，千万要注意此书提供的大量新信息。此书堪称这些方面的一个新出现的宝库。如果我们失之交臂，或者竟然让国外的学术界着我先鞭，那就是连遗憾也来不及的了。

按"书评"之通例，曲终奏雅之前，总得提点意见、建议，才算正工。那么，咱就也来上两句。绝不敢说提的是什么正确见解，仅供编者参考和读者批判而已。

一点是，此书编者已经说明，在书中的"作者简介"上还有"那么多缺口"。其实，有些材料，近在北京的同行书刊中已经披露，只不过在书刊出版和知识大爆炸的时代，编者没有注意到罢了。试举两例：

一例是，关于《京华百二竹枝词》的作者"兰陵忧患生"，《燕都》杂志1989年第5期载有柳芳（原北京市艺术研究所编剧员萧豹岑[1930—1991年]的笔名）所写的《兰陵忧患生其人》一文（北京燕山出版社1996年6月出版的《古都艺海撷英》330—332页转载），有完整的介绍。这篇稿子还是我代《燕都》约的。我说路工编的《清代北京竹枝词（十三种）》中收入此种，但对作者（萧豹岑的祖父）毫无所知。如果亲属现在不出来说几句，后世无传矣。萧氏说，作为直系亲属，不好写。我建议他以第三人称写。于是就写成发表的这个样子。如今揭出这次写作的一些交涉过程，也算一则小小的文史资料吧。

　　再一例是，登载了沈时敏女史的《北海闲咏》，这是令人十分惊喜的事情。因为这本25页的薄薄小册子，据我所知，存世者仅几册，而且大都保存在亲属手中。

　　《中华竹枝词》的编者是从哪儿搞到的底本（我怀疑是"文革"初期家存的全部数百册被抄入中国书店大仓库的缘故），真是匪夷所思，进而令人大大地佩服了。可惜编者又是失之眉睫，没有参看我在《燕都》1988年第6期发表的《外馆沈家及〈北海闲咏〉》一文。此文后来也收入《古都艺海撷英》，在其571—575页，可供参考。

　　这个小册子前有房云亭先生（沈女史的老师）写的骈体文序言，所署时间为1932年"桂月望日"（中秋节），这就是出版时间。写作地点在"平邸之珠雨轩"，该轩是沈女史自己起的书房名号。是年，她年方19岁。这篇序在此次出版时被删去，特为补叙如上。《中华竹枝词》的编者竟然搜寻到这枚遗珠，原作者的子孙会十分感激。因为她的其他作品都在"文革"初期毁于一旦了。

另一点是，编者为当代一般读者着想，在书中加了一些新注。这是值得肯定与欢迎的。大多数的注也写得深入浅出。可是不免有可以进一步推敲打磨的，也就是说，有的话还说得不太到家。试举二例：

一例是，第219页，注"蝤蛴"，只说是"古书上指天牛的幼虫，白色"。不如进一步提供其原始出处，即《诗经·卫风·硕人》第二章的"领如蝤蛴"。《正义》云："蝤蛴白而长，故以比颈。"另一例在第3921页，原诗是：

土番舌上掉都卢，对酒欢呼打剌酥。
闻道金亡避元难，飓风吹到始谋居。

原本是说得很清楚的，只是咱们这个时代的人不太能懂罢了。于是编者为之作注："都卢"是当地高山族的土语。高山族称饮酒为"打剌酥"。

在下以为，"都卢"是原作者用的汉语口语词语，通俗作品中常写成"嘟噜"。常用者有二义，一种意思是"个体不大的东西，串成不甚整齐的长串"，如"一嘟噜葡萄"（注意：糖葫芦是串成整齐的一串的，所以称"一串"）；

另一义则是"嘴里打嘟噜，常用以形容连续发出别人听不懂或听不清楚的声音、词语"。

此诗正用后一义。现代北京话里还这样说："你别说话尽打嘟噜，人家听不清楚呀。"对"打剌酥"的释义，则近于画蛇添足。按，"打剌酥"为蒙古语的汉语音译，其准确意译是"酒，特指蒙古人当时会酿造的、最容易得到的、也最爱喝的一种黄酒"。它只是一个词——黄酒，不是动宾词组"饮酒"。

方龄贵先生《元明戏曲中的蒙古语》（汉语大词典出版社，1991年）一书中的第73条专门讨论了这个词语。他曾引用《土族语简志》和《东乡语简志》，证明这两个中国少数民族的词汇中也有与"打剌酥"语音和词义相同的词语。按上引这首竹枝词中隐隐透露的意思看，其作者很有认为这个词语是高山族学来的外来语之意。那么，这首诗倒可以为方氏等研究者又添一条书证了。

（原载于《书品》1998年第2期）

承泽副墨

新版《历代题画诗》

一

北京出版社在1997年整理出版了《历代题画诗》。这是一部大书,原书刊版在康熙四十六年(1707年)完成,有御制序,述其编纂情况:

> 题画之诗,历代各体题咏以万计,散置诸集,无所统计。翰林陈邦彦裒辑汇抄。得八千九百余首,分为三十类。编次一百有二十卷。缮本呈览。朕嘉其用意之勤,命授工锓梓……

新版在排版、标点、字体、目录编排等方面有许多加工与改进。进行编纂操作的是闻性真先生和师小平女士。闻先生在此书前写有较长的《丹青无色亦销魂（代前言）》，内容丰富，涉及面很广，对阅读此书极有帮助，建议欲读此书者一定要先读一读此序。

关于此书本身，这篇序讲得十分全面，不才如笔者已经感到再无置喙之地，只有撮要简述其要点如下：

一是，中国画画面上，从来讲究诗、书、画互相衬托、映发，相得益彰。在中国的绘画史、文学史、书法史上，历代的题画诗肯定均是一项独特的遗产。

又一是，"据清人研究，辑历代题画诗为一集者，始于宋人孙绍远编的《声画集》。该书共八卷，辑录唐宋人题画诗，分为26门，门类虽然不少，但每类收诗不多。宋以后，论书画的著作……所录多有题跋之作，而题画诗所占比重都不大……""《历代题画诗》原名《御定历代题画诗类》，又名《御定题画诗》《佩文斋题画诗》……编收历代题画诗8962首，其包容之丰富，分类之精详，确是前人同类书所望尘莫及"。

这是讲此书的规模大，编纂精，前无古人。我们还可补说两句：至今未见如此博大的后来者。但是，此书只收到明代为止，又十分需要后来人的补充。

再一是，闻先生提出在当代利用此书时最可注意之处，可以归纳为四点：

一、对研究现存和失传了的古代绘画以及鉴定古书画的真伪具有一定的参考价值。笔者附言：聪明过人的作伪者太多，他们很可能利用了这一点。初出茅庐的古董收藏家，如果执定此书以定真伪，则是书生读兵法矣。

二、对考定历史人物的形象、气质、性格有参考价值。笔者也有附言：这也得辩证地看。即如"古像类"中的像，多为后代人想象中的古人，如宋元明三朝人所画的陶渊明、王羲之等像，我看就和真正的写真或说衣冠像大不相同，恰似今人所画张衡、关汉卿等像（甚至作为邮票中的人像，流传甚广），乃是画家笔下的艺术品，其中包含的对古人气质、性格的认识与刻画较多，想象的成分很浓，那也是画家透过前人的作品与历史资料"考定"并进一步使之形象化的结果，绝不是标准像，不可过分执实的呀。

三、这是一份独特的文学遗产，对于古代文学研究者是一个崭新的、可以大有作为的领域。笔者附言：这个提示非常重要，希望有识者注意，赶紧去开辟这一大片处女地。

四、可以作为开辟创作题材、撰写绘画题跋的学习参考资料。笔者附言：这一点不假。我们在下面还要重点就此谈一谈呐。

二

《历代题画诗》一书，内容丰富，覆盖面广阔，自然与科技、社会与历史、文化艺术等各个领域都涉及了。它的确是一部有研究、收藏、鉴别、学习等多种实用价值的书。北京出版社此次新版，采用精装16开简化字横排本形式，编排十分用心。即以正文而言，诗题用小四号（12p）黑体字排，作者朝代用小五黑（9p），后加圆点，再用五黑（10.5p）接排作者姓名，诗句则用小四号仿宋体排。诗题与诗句之间，两首诗之间，都空一行。

这样着意的安排，显得疏朗有致，能使人产生一种从容不迫的感觉，助成诗中有画的雅人深致的意蕴。书分上下两册，各册目录分别重新编排，便于读者检索。书前印有彩色历代名画多幅，与书中的诗遥相呼应，可谓相得益彰。可见是花了大力气生产出的精品。

笔者阅读《社科新书目》，知道人民美术出版社也计划出版此书的影印本。征订单上的提要说：

> 原书为四函三十二册。现影印本改为一册……为了满足多种用途的需求……增加了人名检索表，更便于读

者查找某一画家在全书中的所有诗作。

这个检索表却是北京出版社新版所没有的,将来若能来个"二难并",才好呢!

说到此,忽然想到,出版社两家看好此书,并且都不惜工本,制作精细,想必有点预计能得到的可观的经济收益。掏谁的腰包呢?笔者估计,绘画界人士自然是首选的上帝啦!

古代画家大都擅郑虔三绝之艺,自画自书自己的创作,这也是时代使然,对今人中的青年是不可如此苛求的。但能否希望:您要是手头有了此书,那么无妨定下心来仔细阅读,涵泳,体会中国画"诗中有画,画中有诗"之妙,由画境进而进入化境,斯为有得。若能再进一步学习写作带有我们时代特点的题画诗,那该多好啊!

其实,作为一位中国画的画家,理应做到这一步;大多数大画家,在中年以至晚年也是必然深造到这个地步的,只争迟早罢了。

(原载于《古籍整理出版情况简报》1997年第5期)

《中国古典韵文精选文库》

回想解放前,喜爱中国古典文学的青年人,想找一本现代化的某种体裁——譬如说唐诗——的入门选本来读,可是真难。

记得我初学唐诗,就只能从"陈婉俊女史"所注的《唐诗三百首》读起;词呢,是把俞平伯先生的《读词偶得》《清真词释》和李次九先生注的《词选续词选校读》对着看。商务印书馆曾出过两套供初学入门者学习用的书:《学生国学丛书》和《中学国文补充读本》,这两套书种类都不少。选注者(有的是全本而不精选)多为当时名家。我买来阅读的《古诗源选读》,就是傅东华先生选注的。

可是,那时的中学国文教科书的注都是半文不白的,供课外阅读用的注本风格自然与之类似。要按当代的青年人看，也得算是古典类型的读本啦。于是，我们那时候就只能采用囫囵吞枣法，半通不通、似懂非懂地学习这些读物了。

这类书还有个缺点：注释书最多只带些批点，并无我们当代称为"赏析"的内容。鉴赏型的书又很少带注释。真是如二水分流。有的新观点新手法的赏析文章，如朱自清先生讲古诗十九首，浦江清先生讲词等，稀如星凤，而且常要到专业杂志中去找。常常得几本书对着读。我现在干目录学这一行，经常看各种新书目，看到解放后新出版的供应初学入门者学习的书籍如雨后春笋一般，对当代青年真是羡慕，觉得他们赶上了好时代。

犹记开国全盛时！解放初的十几年，优秀的在普及基础上提高的读物真出了不少。例如余冠英先生的《乐府诗选》，冯至、浦江清、吴天五三位先生合作的《杜甫诗选》，均称名作。及至钱钟书先生的《宋诗选注》一书出现，树立了寓提高于普及的典型，其衣被学人盖非一代，乃是真正的"观止"之书矣！

再有，接续朱、浦等先生的正脉，鉴赏型文章在50年代末开始风行。据吾师吴小如先生说，最早是由您在电台广播，然后将广播稿出版结集。由于切合当时需要，此种书籍作者甚众，风行一时。但是，与注释书籍还是二水分流。

可是，近几年来，出版界风气略显不正，趁大家热爱学习之际，想掏"上帝"腰包者应运而来。特别是在引进日本发明的"鉴赏辞典"类型以后，一窝蜂打哄（hòng），好事几成坏事矣。

查这种融点校原文、以新式白话语体作出深入浅出的注释、点拨型鉴赏短文于一体——有时还附带白话译义——的做法，我觉得颇为适合初学者的需要。搞出这种类型的书籍，堪称一大发明，至少也得算一个不小的进步。

问题不在于形式，而在于内容。说好事变成坏事，就在于一哄而起，若干文化奸商以次充好，蒙骗天真烂漫的青年。正因初学者毫无体验，分不清优劣，所以才必须供应他们以真正优秀的读物。这几年，这方面粗制滥造的伪劣产品过于泛滥，使人大倒胃口，几欲束之高阁矣。

因此，有人介绍在下阅读《中国古典韵文精选文库》（商务印书馆1996年版），并建议采用来做"书评学"的实习对象时，我是心中惴惴，深恐浪费时间与上当。再说，一套大书，难于短时内浏览，更甭说消化了。后来听说只出了前三部，还是唐诗、宋词、元曲，都是提神养性的，便取来试读。一读之下，爱不释手矣。

看了黄克、赵伯陶、张亚新等位编出的这三部书，总的印象是，选释者做了很好的工作。注释简明扼要，通俗而不平庸，有的很见精神。剖析作品内涵，基本上是在个人研究的基础上作出的。看得出，选释者的审美水平都很高，而且十分注意写得有趣味。

但是，工作没有停留在表达个人感受上，而是旁征博引，大量参照并消化前人研究成果，甚至连类旁搜，提供许多资料。虽为面向普及而作，但却增加了学术性。鉴赏的趣味性和学术性水乳交融，不但起到良好的导读作用，还自然而然地提高了这套书的品位。我认为，这套书是寓提高于普及的力作。特别表现在元曲部分。按，元曲中，前人注释无多，鉴赏性资料散见，总的说可资借鉴之材料不多。不论注释还是赏析，大体上都要一空依傍，本身就得具有开拓性。想按照程式化、一般化的框子办，都办不到。因此，这一部分最见功力。

仿佛是狄更斯说过，序常常地被写，可是难得有人去读。揆之于这套书的"总序"，却可说是大大地不然。我先是采用狄氏法，想草草一翻了。可是慢慢地受到它的内容吸引，由草草地读，进而自自然然地变为细细地读，读后自觉受益匪浅。建议读者万勿将其放过。此序具有"宣言"性质，实为主编多年心得具体而做的提纲。难得的更在于"总序"中宣布的"选目精当不过偏，注释精确不过繁，赏析精审不过专"的高标准，经过注释者对自己的严要求，看来基本上做到了。

我希望这些位注释者再接再厉，把工作坚持下去，将全套书出齐才是。万勿虎头蛇尾，就此停止。要开垦的土地还有好多，切不可像宋太祖玉斧划界，以此自限。在下拭目以待。

（原载于《中国图书评论》1996年第10期）

承泽副墨

《北京大学史料》读后

《北京大学史料》第一卷（1898—1911年）已于1994年春季由北京大学出版社出版（以下简称《史料》）。

第一卷所收史料约90余万字，分八编：兴学之议，京师大学堂之创办，大学堂所属各部，教学与管理，职教员，学生，图书与仪器，经费。编者在搜集材料方面花费了巨大的力量，据笔者所知，搜集到的原始资料是现在发表的几倍。

同时，编者进行了大量的编辑工作。在保持原貌的原则下，尽可能进行了订补；清季尚无标点符号，编者为便利当代和后代读者阅读，对采录的全部原文加上标点，并改为用简化字排印。

凡此种种，比整理一部古典文献尤有过之，实为集搜、编、校、点于一书的开创性"近代古籍"整理新作。

通览全卷，更可见编者用心之处。可以说，通过选择出的资料，我们能够切实感受到那个时代的脉搏。那是一个有识之士追求改革开放的时代，那是中国知识分子放眼世界追求新知的时代。而这一切，首先集中到办好中国的高等教育方面。

从第一篇"兴学之议"所选的舆论和奏折中，可以明显地看出，作为"变法图强"的国家战略方针的一部分，办京师大学堂，就是为了首倡此议，树立样板。从在上掌权的张之洞等人，驻外使节薛福成等人，到在下鼓吹的康有为、梁启超等人，在这一点上认识是一致的，是把兴办大学堂这件事当作全国性的战略措施来抓，充满了热情，冲破了重重阻力，文、理、医、工等各科全面铺开办。同时选派大量优秀学生出国深造。从学生名单中可以看出，这一时期培养出的人才，从辛亥革命时期到解放初期，成为我国各学科各部门带头人物者不少。辛亥革命前后，放眼看全国，各省开办公私立大学风起云涌，更可以看出京师大学堂在促进我国文化发展中的带头和样板作用。

从这一点上说，《史料》的这一卷，不能局限于北大来看，而应该看成是中国高等教育发展史料的首卷。

辛亥革命后，1912年5月，京师大学堂改名为北京大学。北京大学迅速成为近现代中国新文化运动的中心，成为

"五四"运动的策源地,成为在中国传播马克思主义和科学、民主思想的最早的大本营。应该说,京师大学堂的建立,为这一切奠定了始基。

《史料》的第二卷以下,将是更加波澜壮阔的史实记录。

(原载于《光明日报》1994年11月25日5版)

《北大百年百联》弁言

乔木百年，堂构荫深；朱草三秀，阶庭芳蔚。母校期颐，斯张庆典；群公缀藻，各展长才。挚友谷向阳先生，学识渊通，文心富赡。早步木天，培风直上；久耽联对，化雨旁流。爰有北大百年百联之作。信手拈辞，巧思绮合；因心属对，妙语珠穿。人物清华，事美一时；园林壮丽，语传千载。进而延致书家，供椽笔横挥；付诸影印，备艺林清赏。信是联坛别调，堪称书法大观。不佞与君，友谊莫逆，爱好从同。属予视草，实维崔峒读郑表之诗；承命题辞，敢云皇甫序左思之赋。爰弁卮言，以当击节鼓掌焉。时维公元一九九八年五月四日，北京大学百年校庆良辰，承泽退士白化文谨叙。

（《北大百年百联》，谷向阳著，北京大学出版社1998年版）

承泽副墨

《清代内府刻书目录解题》评介

《清代内府刻书目录解题》一书，由故宫博物院图书馆和辽宁省图书馆联合编著，紫禁城出版社1995年9月出版。

此书安排结构井然有序，充分显示出是内行里手加工的细活。前冠两序。序一为学术界老前辈王钟翰先生所作；序二是版本目录学家李致忠同志所作。均堪称名笔。《编纂说明》与《后记》是版本目录学家韩锡铎同志所作；末附总说明《清代内府刻书概况》一文，则是故宫图书馆掌书专家杨玉良先生精心结撰之作。读者若能于阅读此书之前，将以上诸文先行通览一过，则对于全书内容与组织结构便可了然。

此书收录的范围广泛，也就是说，收书面宽，这是它有别于此前的同类目录书籍的一大特点。从时间看，上起顺治初年（1644年），下迄宣统三年（1911年），通贯入关后的清代十三朝。从刻印机构看，虽称"内府"，其范围甚大，包括了内务府、武英殿、各部院衙门、国子监、钦天监、扬州和苏州诗局，以及其他官署刻印的，凡是冠以皇帝钦定、御纂名义，还有皇帝批准颁行的，只要是由以上统属于清朝中央的机构印行的书，统统包括在内。

从刻印手段方法看，无论是木刻、木版套印、铜和木活字印刷术印本，以及应用其他印刷技术的印本，包括清代中叶以后从国外引进的石印、铅印等技术的印本，一概收容。这就使此书成为对清代中央政府机构刻印书籍搜集登录最全的一部书。这就使此书成为清代中央机构刻印书籍的总结式里程碑型著作，成为后人研究清代刻书——特别是其中央政府部门刻书——必须凭借的起点站之一，是斯学的主要参考书与工具书。

此书主体部分称为《清代内府刻书目录解题》，它所收的是上述中央政府机构刻书的主要成分，即木版刻印、套印、铜和木活字印刷的书。计收713种。每种都做了解题。解题内容包括行款、版式特征、著者简介、编纂出版原委、内容和体例介绍等。按经史子集四部和"丛书"共五部分类著录。其目录置于解题全文之后，称为"书名索引"，不知何故？它实在是目录而非索引也。

《附录一》是《清代内府刻汉文图书补充目录》。据前引《编纂说明》，这部分包括两类不同性质的书。一类是光绪朝及其后的石印、铅印书，其中有许多新设的中央政府机构所印的书。另一类是本应收入前面的《目录解题》正文之中的，因撰写人未见原书，不能撰写解题，所以也归入此部。两者混合排列。拙见以为，这样做有两点不妥。一点是自乱体例。另一点是撰写入已经见到的书，应该能撰写解题，可是没有写，特别是其中有许多与推行新政（包括宣统朝的）相关的书，如后来常被称引的《北洋海军章程》等，不为这部分书写解题，终觉遗憾。据《编纂说明》，这混编的两部分共384种。也采取经史子集四部分类编纂的方式。

《附录一》和《附录二》都没有设置目录、索引之类的检索机制，全书也没有设置包括主体部分和两个附录的总的检索机制。这就给读者，特别是给对经史子集四部外加"丛书"共五部的传统分类法不太熟悉的人造成困难。总之，检索方法不健全，把"目录"称为"索引"，都表现出编纂者对现代图书馆学的理论和实践缺乏明确认识。作为图书馆工作者，至少是显得草率了。

两个"附录"都不带解题，也得算是美中不足罢！即以《附录二》而言，其中有些书缺乏简介，使外行颇费疑猜，如，《七本头书》究竟是一部什么书，《大藏经全咒》的《满汉蒙西番合璧本》中的"西番"指的是什么文字，都让人不明白。再如满文本《大藏经》，故宫所藏不全。存哪些，缺什么，也是研究者关心并希望知道的。其实，这是编纂者一转念间举手之劳的事。这里面还隐约透露出，似乎在编纂者中缺乏少数民族语言文字专家。

最后，回过头来说，此书的最大与最突出的特点和优点，是它的解题部分。它显示出编纂者的确是行家里手，并且的确下过大功夫。此书价值的很大一部分在此。当然，前面已经提到的搜集范围之广，也是一个特点和优点。

我们祝贺此书的出版，它确实把这方面的研究带到一个新的起跑线上去。当然，此书有待进一步完善。但是，这方面的研究，由于有了这本书，也肯定会有质的飞跃。

（原载于《古籍整理出版情况简报》1995年第11期）

承泽副墨

读《彝文经籍文化辞典》

1949年，刚刚进大学，听到一门入门课——《中国语文概论》，由三位老师分别讲授：张清常先生讲"词汇"，邢公畹先生讲"语法"，高华年先生讲"音韵"。

三位先生都是西南联大出身，课上课下每每眉飞色舞地开谈"漂泊西南天地间"，特别是北大文科研究所的研究生在李方桂、罗常培两先生亲自指挥下大干西南少数民族语言调查的事情。当时觉得："天涯作壮游"，那是多么浪漫蒂克呀！及至经历世事艰难，体会了广阔天地下放劳动的劲头，才多少能感觉到少年时心向往之的事可不是玩的了。

三位先生异口同声，一致赞扬马学良先生，说马先生的"成绩最好"。还介绍我们看新由北大出版部出版的罗常培先生的新著《语言与文化》一书，其中的《附录四》就是

《语言学在云南》，详载抗战时期语言调查的论著目录，并作提要性质的解说。

从中得知，马先生是专门调查研究彝语的，研究相当全面与深入，堪称专精一门成就突出的代表。这就更增加了我对马先生的仰慕。可惜我太没有福气，后来大半生所做的工作都与语言调查毫无联系，导致至今无缘亲炙于大师之门，就连一面之缘都没有争取到。这是多么遗憾的事啊！

而今，我惊喜地看到，《彝文经籍文化辞典》已于1998年底由京华出版社出版。由于我的专业和工具书密切相关，阅读各种辞典已经成为一种专业兴趣。我预感到这部辞典可能是前无古人的划时代的著作，不管自己懂不懂彝文，也迫不及待地取来一观。果真不出所料，乃是极为少见的学术顶端之作也。

我不懂彝文，自然先看马学良先生的自序。那可是马先生一生心血所聚的自我表达，写得实事求是，情真意切。五十余年的积累，方始成此一文，读者万不可轻易错过。很希望能将此文收入某种文选，使更多的读者能够见到。

人们回忆往事，往往有点浪漫蒂克。马先生也难免。他自称实地调查的那一段时期是自己一生中最幸福的时候，我偏向理智考虑，缺乏激情，料想那一段艰苦、期望与失望、苦斗、身心的疲惫，对友谊的渴望（其中讲到任继愈先生几次深入山区去看望马先生，鼓舞马先生不要退缩，真切感人），总觉得那才是真实的表露呢。抄两句研究《红楼梦》

的话:"字字看来都是血,六十年辛苦不寻常!"

这部辞典之成为当前和历史上中国少数民族语文与历史、社会、民俗研究的顶峰之一,是不争的事实。我所能说的是,由于书名不能取得太长,这部书以八个字来概括全书的内涵,很容易使水平不高头脑僵化的人感到不容易理解。

因为,拿当代的一般习见的双语词典的内涵与编制方法的尺度来衡量,这部辞典的蕴藏量远超其上,编制方法也与常规的辞书不同。甚至会有近视眼再戴上有色眼镜的人提出:"辞典有这么编的么?"拙见是,可以这样答复:

一、这是一部彝汉对照的,全面记录彝族语言、历史、社会、民俗的百科全书。不宜从一般的辞典的角度去认识它,或者说是用那样的尺度去量度它。

二、到什么山上唱什么歌。编辑《辞典》本来就可以百花齐放。

再说,就拿中国古代的百科全书类型书籍《类书》来说,那可真是百花齐放和百家争鸣,目录书著录时就能把它们分成许多门类的呀!西洋传入的比较整齐划一的《辞书学》的条条框框,未必总能适合咱们自己编辑辞书的情况呐。千万别拿短尺、洋尺来量度彝族的长披风啊!

全面,覆盖面极宽,这是此书的一大特点。没有同类的书籍可比,独一份;一鸣惊人,一出名世,固然是前无古人,后来人从事研究也得以之为起点站;这又是此书的另外两大特点。拙见以为，此书之能在国际学术界首次登上一座处女峰，那是确切无疑的了。北京市的出版界这几年缺乏大举措，就跟足球那样，让乡亲们着急呀！京华出版社居然什么都不顾，竟然肯出这么一部不计经济效益的书，真是既让我拍双手叫好，更让人佩服得五体投地。听说，每一个彝文字或词组，印刷厂都按一张图的价钱来计算。京华出版社这种为学术服务的精神，真是值得许多出版社仿效的。

上海辞书出版社去年也出版了一部《敦煌学大辞典》，那可是集全国敦煌学者之力，花费15年光阴才编成的。那也是在国际学术界首次攀登上另一处女峰的力作。真是南北交辉，我国出版界的又一个春天行将出现。

（原载于《北京日报》1999年3月28日4版）

承泽副墨

《北京大学图书馆藏古籍善本书目》

　　全国以至国际图书馆学界与古籍整理学界属望已久的《北京大学图书馆藏古籍善本书目》，已于1999年6月由北京大学出版社出版，1999年10月起陆续公开发行。这是一件与图书馆学、目录学、古籍整理等各学科均有密切关联的大事，是我国图书编目的一项新成就。

　　这部书的内涵，已经在此书的《前言》中交代得十分清楚。建议使用者一定要仔细阅读这篇《前言》，那样，就会对北京大学图书馆所藏基本上属于汉文的善本书籍部分的来龙去脉，以及这部书目收书的范围等有一个相当清楚的认识。

　　笔者认为，若是按照一般的写书评的办法，再介绍此书的内涵给读者，实属多余。可是，这篇"读后感"是额定要写的。急中生智，想起古代老师教学生写《海赋》的方法：写海，海中的事物太多，无法写全，难办；不如环绕着海的上下和东西南北略略点染几句，也就是了。于是，根据笔者50年来对北京大学图书馆特别是它的善本特藏的接触性认识，拉拉杂杂地回忆往事，感言如下：

北京大学图书馆，无论从藏书的总量和善本的质量与数量来说，确如此书《前言》首句所云，"是我国五大图书馆之一"。

据1991年"纪念建馆九十周年"时发表的"馆藏文献调查评估综合分析报告"所说，它的综合实力仅次于国家馆和上海馆，位居第三。在全国高等学校中遥遥领先，居首位。从善本方面看，从1904年起始有特藏，不断发展壮大，在全国高等学校中更是遥遥领先，居首位。

从历史上总体看北大馆的包括善本在内的藏书，在百年战乱中，它却是收入多而损失少。例如在抗战胜利之初，西南联大解散，三校复校之时，北大堪称"满壁琳琅"，清华却是"家徒四壁"，南开则"四壁皆无"。单拿图书馆来说，清华的号称铺设软木地板的图书馆让日本军队当了马厩，书籍则一部分寄存于北大图书馆，幸免星散。南开"四壁皆无"，包括图书馆在内，1937年7月29日遭日本空军轰炸，基本上夷平了。

北大则大不相同。胡适之校长到任一看，图书馆不但别来无恙,还增添了不少新东西。著名的"李氏书"(即李盛铎藏书)就是1939年进馆的,其中划归"善本"者,至今为馆藏善本之主力。

抗战胜利后至解放前,北大接收各地方的书籍不少,可谓大发"劫收财"。其中包括相当数量的善本,如国学院、马幼渔、郭啸麓等公私藏书;还有归入特藏的,如张氏"柳风堂"所藏大批拓片,与原藏缪氏"艺风堂"拓片,成为馆藏特藏拓片的主要部分。解放后,特别在院系调整前后,接收了包括大量善本在内的燕京大学图书馆藏书,还有中法大学图书馆藏书等。外调的以随工学院、农学院、医学院走的藏书为多。总的来说,收入多而损失少。特别善本更是如此。

可是,北大图书馆的完整的善本书目迟迟编不出来,很影响读者阅读。记得1951年,笔者因公事走谒吴晓铃先生,前后三次,此后再未见过。那时吴先生正给中国科学院院长郭沫若先生当秘书,准备建院事宜。办公室暂时设在原静生生物调查所。当时提到北大图书馆藏有著名的原鄞县马氏"不登大雅之堂"藏书。吴先生拿出他过录的原编马氏书简目副本给笔者看,当时真是大开眼界——北大在校生当时不但看不到马氏书,就连这个书目也是见不着的呀!

笔者问:如何才能看到马氏书?

吴先生神采飞扬地说,非经特许不可,还得坐在善本库中看。当年，他就是经文学院院长胡适之先生开条子，得以在大学四年级那一年（1936—1937年）入库，遍览马氏书，并抄录出简目副本的。

　　据现在出版的这部《北京大学图书馆藏古籍善本书目》的《前言》，马氏书于1937年进馆，而吴先生为1937年毕业生，毕业后担任中文系助教，9月份因日军进驻撤离，阅读时间最多半年而已。此后也这样阅览马氏书的，据善本书库唯一的管理员王锡英老先生后来告诉我，在解放前后一段时间内，只有文科研究所的于石生先生，大约看了一半。我好奇，去问和我相当熟悉的于先生，于先生说，善本库内不按架号排列，有的书籍甚至没有书号。可是王老先生总是顺手一取便得。至于简目，于先生并未见过，反正要通览的，王老先生一部一部地陆续取出来看就是了。于先生说，自己大约看了一半光景。

　　王老先生是北大图书馆的三朝元老。他年轻时和毛主席一起在馆内工作。甚至有人说，毛主席等八个"小职员"共同租住一间房，挤在一铺炕上，需要一起翻身时，就有王先生一个。

　　据说，解放后毛主席派人找过他，要请他去叙旧，他谦谢不遑，就是不肯去。我问过王老，他不正面答复，只说："那时候没料到，那时候没料到。"他的子女中有地下党员，他从不吹嘘。

关于善本库书籍乱摆,没有正式目录,因而很少能提供阅览的事,当时我听到两种解释。一种解释是,旧社会中的图书馆职员,为了保住饭碗,有故意乱放书籍的,那样,许多书除了他,谁也找不着。目录不编可不公开,也是这个道理。

另一种解释是,在抗战时期和解放前这两个特殊时段,故意把书库搞乱并且不编或不公开书目,怕日本人和国民党按图索骥。这说不定是地下党的着意安排呢!笔者拙见,这两种解释都有道理,合二而一,倒是很能全面观察并完善地说明问题呢!

话又说回来,北大图书馆并非没有一部善本书目。

1930年前后,张允亮先生就编过一本,书名是《国立北京大学图书馆善本书目》,只反映李氏、马氏书未入藏前的情况,所收计713种,10297册。可怜得很!现在这本书目已经很少有人借鉴了。

1950年我开始读大一时,1939年接收的李氏书正在缓慢地编目。周燕孙(祖谟)老师首次带我参观沙滩松公府北大图书馆原馆时,见到在由字形馆内东侧的一间一间方丈大小的"研究室"(专供专家申请作个人研究用,当时有许多间空闲着)的一间之中,坐着专门为李氏书编目的常芝瑛先生。常先生沉默寡言,只是对我们这些参观者微笑着。她四周堆满了线装书。她是直接在向觉明(达)馆长领导下工作的。据说，李氏书进馆之始并没有编目。大致从抗战胜利后，才在赵斐云（万里）先生每周一两次亲临指导下，集中了青年骨干宿季庚（白）先生、冀淑英先生、赵西华先生和常先生，共同做这个工作。到了1950年，就剩下常先生一位单干了。成绩为1956年（序言署10月）内部印刷供交流用的非卖品《北京大学图书馆藏李氏书目》上中下三册，共计收9309种，59691册；其中定为善本者5005种，32367册。这是据1998年5月为庆祝北大百年校庆由北京大学出版社出版的《北京大学图书馆善本书录》（实为书影）中的《馆藏简史》一文的统计，该文系张玉范女史与沈乃文同志合撰。那部非卖品书目下册后附全书索引。

　　1992年北京大学出版社出版的《文明的沃土》一书中所载宿季庚先生《我和北大图书馆》一文，对此书的编纂过程有生动的记述。从中似乎能捉摸出一点：编目早期人员多而精雕细刻般缓慢前进，恐怕也有防备提取部分精华南运的考虑呢。

　　1952年院系调整后，燕京大学等处的善本加入馆藏，于是把李氏书以外的馆藏善本合在一起，又编出一部《北京大学图书馆藏善本书目》上下两册，也是非卖品。指导者是向觉明馆长和王有三（重民）先生，工作仍主要由常先生一人承担。这部书目也在1956年底面世。新出版的《北京大学图书馆藏古籍善本书目》，就是在这两部书目的相当良好的基础上编纂而成的。大约在这两部书目杀青后不久，常先生退休了。她与此二书共始终。当新的善本书目问世时，不免使人怀念起她，认为有表而出之，略加介绍的必要。

可惜，现在能知道常先生经历的人不多了。

据在常先生晚年和她全家有密切往来的王文宝学长介绍：常芝瑛（1905—1984年）先生原名葛孚英，还有个法文名字，音译是"伊兰"。爱好民俗学，是北大歌谣学会会员，1936年还加入风谣学会。她与北大老校友、我国民俗学与民间文学奠基人之一的常惠先生志同道合，于1924年结为伉俪。结婚照片在王文宝所著《中国民俗学发展史》（辽宁大学出版社1987年版）中作为宝贵历史资料刊出。婚后改名常芝瑛。她曾在女子师范学校、北师大、北大等三处图书馆工作。退休后襄助常惠先生整理民俗学稿件。常惠先生晚年病废，绝大多数著作均由她代笔，但她从不署名。她早年译有法国白罗勒所著《红帽子》。

从20世纪50年代末开始，北大图书馆供内部使用的善本书目就是上述非卖品两种五册。新的《北京大学图书馆藏古籍善本书目》的公开出版，结束了这一不算太正常的局面。笔者认为，要对不大熟悉北大书目传统的一些青年读者说明的是：

一、必须仔细阅读这部新的"善本书目"中的《前言》，借以了解新的"书目"和原来那两种五册老书目的不同之处。如，原"李氏书目"是把善本和普通书编在一起的，不是单纯的"善本书目"。新旧三种书目，各有各的用处。二、新的"善本书目"，录入的只是北大馆藏已编目的善本中汉文书，以及汉语和少数民族语言等双语、多语种的一部分善本书。馆藏的各种语种的西文书与亚洲、非洲等多种语种的善本书的书目，还没有编纂完毕呢。

还有分散在各院系资料室的各个语种的书籍、舆图、珍贵照片和特藏等，如陈寅恪先生于1947年"卖书买煤"，卖给北大的"巴利文藏经及东方语文各书，如蒙古文蒙古图志、突厥文字典等"，据说当时是由季希逋（羡林）先生亲自坐着胡校长那辆30年代初的老式汽车（北大当时并无校车）前往清华，点收后拉回来的。现在还在东方学系资料室。还有，如吴晗先生参加开国第一届政协时的全部文件，捐送给北大历史系资料室了，据笔者看，也够新善本特藏资格。可见，这次出版的新的"善本书目"，反映的远非北大善本的全部。要编成一部完整的多语种的北大善本书目，还得群策群力，花上百倍的努力才行呢！

这部新的"善本书目"成于众手。主编张玉范女史，是宿季庚与向觉明先生的徒子与徒孙，嫡系，没的说。编者多人，大多数是"文革"中和改革开放后提拔的中青年才俊。笔者一次和宿季庚先生通电话，谈到"李氏书目"，宿先生说："那是赵（万里）先生看过的，一个字也不能动！"

可是，据新的《前言》说，他们"主要做了以下几项工作"，即"增删品种""调整类目""重新编排""考订版本"。特别是在"考订版本"一项中，做了"重新核定部分书的版本"等工作。可见，初生之犊很有些牛劲。看一部书目中的问题，需要编者、此后的管理者和用书的读者慢慢地在使用中作有心人，一项一项地核对，不是刚出版时就可饶舌的。

笔者与北大图书馆关系密切，知道他们面前的道路还很遥远，却又非常宽广。殷切希望他们好自为之，不可让咱们大家的老前辈失望，有郑子产那样的比喻青年人以锦缎学裁剪的顾虑，也让老前辈说一句："吾党之小子狂简，斐然成章，不知所以裁之！"

（原载于《书品》2000年第1期）

读《弢翁藏书年谱》书后

《弢翁藏书年谱》，李国庆同志编著，周景良先生校订。作为《安徽古籍丛书·附辑》之一种，已由黄山书社于2000年9月出版。

介绍太老师周叔弢老先生藏书的书刊已有多种，重要的，见于此书"参考资料"所引者计有27种。此书可谓集大成之作。周太初（一良）老师已作一宏文，交《书品》刊载。窃惟老师珠玉在前，游夏何敢赞一辞。今勉成"书后"一则，聊作补充而已。

《书品》的编辑同志说，对于青年读者而言，对弢翁生平可能还不够熟悉，希望笔者在进入正题以前略作介绍。现将《图书馆学情报学词典》（书目文献出版社1991年12月出版）中笔者为太老师所写的词条引录如下（此条经太初先生修订）：

周叔弢（1891—1984年），现代藏书家，图书文物学家。名暹，字叔弢，以字行，藏书室名寒在堂、双南华馆、自庄严堪（龛）等。安徽东至（原至德）人。解放前从事工商业。解放后曾任天津市副市长、全国政协副主席等职。受聘任天津市图书馆学会名誉会长、天津市文物保管委员会主任委员等职。1917年起收藏图书，积三十余年，所得居现代藏书家之冠。精印所藏《寒山子诗》等书十余种。1949—1982年，将所藏图书文物分批捐赠北京图书馆（今国家图书馆）、天津市图书馆、天津市艺术博物馆、南开大学、故宫博物院等单位。精通英文、德文。早年译有《康德人心能力论》，1915年出版，是康德著作的首次汉译本。捐赠国家图书馆的善本，编成《自庄严堪善本书目》（天津古籍出版社1985年版）。

下面进入正题。窃以为此书乃空前绝后之作。

先说此后不可能出现这样的著作了。为什么敢这么说？原因十分简单：这是由时代和个人、家族种种复杂因素决定的。从解放初开始，我们的时代早已是一个化私为公的时代，对善本书籍来说，这一点表现得尤其明显，"文革"毁灭了许多书籍，也促使上述情况的进度加速。善本书现存只有那么一些，据说真正的宋本（还主要是南宋本）也就仅剩下一千多种了。大多数的善本，从南北朝隋唐等写本到宋辽金西夏、元明清等刻本、写本等，绝大多数庋藏在中外大小图书馆中。作为中国私人藏书家，包括内地、港澳台、海外华人等，手中的藏品是越来越少了。绝不可能再有像弢翁这样的大藏书家了。

在近代大藏书家中，弢翁的收藏以量多质精首屈一指。论量，在抗战胜利后解放前这一时段，海内外私人藏善本书，没有能与弢翁比肩的。论质，弢翁有"五好"的收书原则，即（1）板刻字体好，（2）纸墨印刷好，（3）题识好，（4）收藏图记好，（5）装潢好（参见周珏良先生《自庄严堪藏书综述》，载《弢翁藏书年谱》）。现在看看弢翁所收敦煌卷子，可以发现这一原则执行的坚定。因为敦煌卷子完整且书法工整者少，执行这一原则极不容易。

因此，即使单单从藏书量多质精的藏书家角度来说，弢翁就绝对是最后一位私人大藏书家。这是笔者想说的头一层意思。

想就此说的第二层意思是，大藏书家与伟大的藏书家是两个层次上的人物。大藏书家，只要藏书量多质精便可；伟大的藏书家，则是其伟大的人格笼罩在藏书之上又折射而出，是人格的表现。两者不仅有上下床之别矣！

我们说弢翁是伟大的藏书家,绝非过誉。因为您老人家是及身将几乎全部藏书(特别是所有的善本)化私为公的唯一伟大人物。这样就避免了具如《古今典籍聚散考》等书中所引述的,隋牛弘论"五厄"以下的无数次令人扼腕的书籍毁散,尤其是清代私人藏书的聚散。

关于弢翁藏书"化私为公"的事迹,此书中记载特详,请读者细心阅览。《书品》的编辑为青年读者着想,希望笔者将其中的荦荦大者指出,以便按图索骥。笔者从命,提出以下几项,仅供参考:

1950年,将祖传孝友堂旧藏各种书籍(多为线装古书)六万余册捐赠南开大学文学院。

1952年,将善本书715种计2672册捐赠北京图书馆(今国家图书馆)。

1954年,将中外文书籍3000余册捐赠南开大学图书馆。

1955年,将主要为清代善本的书籍3100余种计22000余册捐赠天津市图书馆。

1955年起,将大批文物,其中包括两百余卷敦煌卷子,捐赠天津市艺术博物馆。其他小额捐赠,以及"文革"中及其后捐赠,不计其数。

特别应当提出的是,弢翁是一位立足于读书、用书的藏书家,您老人家不但得书后勤读,而且笔头最勤,留下了大批收书书目、题识、批语等,还有大量有关书籍的往来信件和其他相关资料，又由于受人重视（如许多人因看重而保留弢翁致对方信件）、重要藏书基本上入藏几个国家级大图书馆等原因，神奇地躲过"文化大革命"浩劫，大部分留存下来，真是奇迹！

这是一颗无私的伟大的坦荡的爱国者的心对涉及弢翁藏书处理事宜的所有的人的无形感召！

综合以上所述，笔者敢断言：此后不会再有这样的大藏书家了。

下面再说所谓"空前"，意思是说，此前没有像样的同类著作。这基本上可以从两点来阐明，一点是，专为"藏书"作"年谱"，这是唯一一家。

另一点则是，此书之能够编著成功，可以从两方面来说。一方面是，如上所说，第一手资料充分，书中资料大部分出于弢翁自己的手笔。另一方面，编著者李国庆同志处于最能利用这些资料的岗位上；更重要的是，他是一位有心人，十分热心于这件工作。我们只要看一看书中的大量注释，便会惊讶李氏学力功底之深厚，以及对此书所费的精力，还有他隐藏于其中的充沛感情。当然，这也是弢翁精神之感召力所致。

化文师从本师周绍良先生，并因而逐渐成为太初（一良）先生的门生。但始终未能亲炙于太老师之门，未能窥太老师学术之崖涘，这是终身憾事。

承泽副墨

"书后"写到这儿,已经显得过长啦!有喧宾夺主、座大于像之势。只可藏拙,就此打住罢。

(原载于《书品》2001年第2期)

《中国古版画通史》

周心慧同志新著《中国古版画通史》，2000年由学苑出版社出版。此书诚为佳制。读后感到有些话想说，因草成此文，借以就正于读者。

所谓"中国古版画"，在心慧同志此书和其他有关书籍中，似乎同时显现为两个范围大体相容而内涵不同的概念的基本融合，好似两个大致重合而边缘小有差异的同心圆。

一个是单从时代上划分。心慧同志这本书的截止时间是到清末。在这段时期内，凡是"版画"，大致均在研究之列。这就要说说"版画"这个概念了。

按照国际艺术界对版画的通行的认识，它是一种经过刻版后再进行印制的图画。其中包孕有如下的内涵：

其一，它是使用专门为了印制而制成的"版"，经过印刷而成的图画。

其二，雕刻它的底版，所用的大体上有刀刻和化学药品蚀刻两种方式。就是蚀刻，底版也得先经过某种雕刻性质的处理。它的用具是硬性的，和大部分绘画的基本上应用软性毛质笔等大不相同。

其三，从雕刻类型上分，有四大类：凸版、凹版、平板、镂孔版。

其四，从底版材料上分，有木刻、石刻、砖刻、金属刻、石膏刻、丝网版、纸孔版等。

若是单纯按时代划分，则凡在划定的时段内在中国出版的版画均可列入。心慧同志此书就是这样做的。例如，把清乾隆年间在法国雕印的《平定西域图》等多种铜版画列入，就是依据这个标准。

细心的读者一定会问：那些铜版画算不算"中国古版画"？答复是：仅就时代说，这些中西合璧的版画可以列入。

我们在前面还提到另一个概念，可以称之为"中国传统版画"。如以之与上述的宽泛得多的"版画"概念参互比较，可以看出，依附于中国古代印刷术的中国传统版画，有如下特点：

其一，基本上属于木刻版画系统，而且刻的都是木材的纵切面，现代版画界特称之为"木面木刻"。其特点之一是对木材硬度要求不高。西方类型的木刻,则要求使用质地坚硬的木材的横断面,因而特称为"木口木刻"。

其二,基本上从属于印刷出版业,为印刷出版而制作。画家、刻工和印刷工三者分工。特别是刻工,一般只按照画家供应的画稿来刻板,自己既画又刻者极少。这在当代版画研究中被称为"复制版画"。而当代按西方方式进行创作的版画家,则是始于自画、自刻、自印(印不了多少),到再经过当代印刷术复制成书时,又是另一码事了。此种版画称为"创作版画"。

其三,中国传统版画,只能用中国传统印刷术用来印刷与绘画用的纸(还有绢)、墨和水质颜色,按中国传统印刷术的方法来印制。此种方法特称为"木版水印"。必须说明:印水质颜色比印油质颜色要难。

其四,只能用中国传统的刻刀及其附件来刻制,讲究中国传统的"刀法"。

其五,在不断的发展改革中,在"整版印刷"的基础上,发明了中国特有的套色版、饾饤版、拱花版等木版水印套色以及凹凸起花纹等技法。

必须说明,搞中国古代版画史的,为了全面又能概括地介绍中国版画发展的情况,一般都采用心慧同志这样的叙述法,即时代到清季,此前的中法、西法版画全收。这对于读者来说是非常好的,通过一部书便可大致掌握从古及今的发展脉络。

那么,"通史"何不一通到底,通到当代。答复是:不行。因为,清季门户大开后,西方的多种印刷术和艺术飞速传入。特别在20世纪30年代,西方木刻版画技术从上海等地普及于新青年之间,再加上鲁迅等名人的提倡,以及抗战时期大后方与解放区青年艺术家的大量实践,蔚为大观。而传统的中国式版画也在老基础上颇有发展。

特别是在解放后,由于政府大力扶植和种种需要,如赠送外国贵宾等作为"国礼"等用途,促进了专业社如荣宝斋、朵云轩等社在技术方面长足发展。

例如,能制作《清明上河图》等长卷,远非解放前可比。中西两种木刻的创作慢慢地成为两股道上跑的车,距离越来越远。上述作比喻的两个"圆"也就形成非同心的两个圆,相交处甚少。所以,内行全知道,为了全面而又概括地表述中国版画史,以古今分述为宜,其划分当在清季。此前不避中西合璧地陈述,以求全面。从事中国版画史研究的学者,大体上都是这么做的。此后的新阶段如何处理,分述乎合叙乎,各有千秋矣。所谓全面,其内涵如此。追求全面,当然是史家的目标。史家腹笥都是极宽的,解放后出版的几种版画史,如郭味蕖先生的《中国版画史略》(1962年),王伯敏先生的《中国版画史》(1986年),莫不作如是追求。可是,笔者所见,最全面者当推心慧此书。这是占了

"譬如积薪，后来者居上"的便宜。

因为考古等所得新资料越来越多，再加上心慧同志是在收藏极丰富的大图书馆中工作的，有左右逢源之乐。设想再过十几二十年，心慧此书出修订版的时候，必然会更全面更丰富的。跂予望之！

上面说"全面"，是为此书一个特点。再说"丰富"，是为另一个特点。据笔者知见所及，重要的版画与版画家，此书几乎都涉及了，颇有干图书馆的人的"细大不捐"的"簿录"作风。读者读下去便知，无须赘言矣。

接着再说"切实"，这是笔者认为此书的第三个特点。所谓切实，说的是书中的论断大都平实，不为显示见识而故作惊人之论。

例如，对解放后发掘出来的三种《陀罗尼经咒》，一律规规矩矩地按照原发掘报告来断代，均定位在晚唐，这是稳妥平实的说法。浏览所及，个别文章中充满爱国主义思想，为了证明印刷术起源于我国，硬把有的《陀罗尼经咒》的印刷时间提前到初唐，那可是禁不住推敲的，效果可能是适得其反。其实，我国是印刷术的发明国，能证明之处不在于此也。

照例，总得谈点意见。拙见可归纳为：

其一，心慧同志是图书馆学专家，这一点反映在书中十分明显，也就是我们前面提到过的：簿录之功相当到家。然而尺有所短，寸有所长，较之艺术界的前辈，如已经提到过的郭味蕖、王伯敏两位先生，以及周芜等先生，则涉及版画工艺与美学处往往藏拙。这也是心慧同志聪明之处。若是高标准严要求，那么，两条腿走路，一条腿细，多少有点残疾的感觉。

其二，中国传统版画中的年画，是版画中的一大宗。独幅版画中大部分是年画。若也用两条腿作比，则非年画与年画这两条腿几乎一边粗。因为年画分量很大，常常要另外叙述。如《中国美术全集》中，版画和年画就各自成卷。心慧同志此书大约也是想如此处理。拙见是，如果非这么做不可，最好也随处描上几句，或者在各个阶段的结尾处总括地概述一节，表明心里有它。

其三，当代随时有过去没有发掘出来的新材料出现，亟宜提早注意研究。如国内外现存西夏刻本中不乏版画资料，史金波老哥等新著《中国活字印刷术的发明和早期传播——西夏和回鹘活字印刷术研究》一书中引述就比心慧同志详细，图版也多。由此更提醒我们：多注意搜集与研究少数民族的印刷与版画史料。

以上三点，可说是高标准了。笔者相信，心慧同志正当年富力强之际，与其他有志于此的中青年学者携手共进，更上一层楼则指日之间耳。

（原载于《书品》2001年第3期）

值得注意的系列"书影"著作

2001年5月25日,首都图书馆新馆开幕式,笔者躬逢其盛。我愉快地见到了一直供职该馆的老同志、北大老校友周心慧、陈坚、马文大等诸位。提到的这三位,都是从在校时就和我熟识的。

其中,周心慧同志埋头钻研中国古籍版本和版画近20年,硕果累累,学术代表作似乎是那部《中国古版画通史》,以及《中国古代版刻版画史论集》。以他们三位为核心,团聚了北京各大图书馆的一批同好,特别是在这几年,以学苑出版社为依托(较早则是与中国青年出版社合作),编纂出版了大批版刻和版画书影。前几年印行的《古本小说四大名著版画全集》《古本戏曲十大名著版画全编》等早已蜚声士林,我阅览所及,近来更有以下巨著问世:

《中国古代佛教版画集》，1998年5月出版，8开本3册。编者周心慧。采择书籍近300种，录入图版600余幅。前附周心慧氏《中国佛教版画史综论》67页，近10万字。

《明代版刻图释》，1998年12月出版，大16开本4册。署"主编：周心慧；副主编：马文大、陈坚、孟白"，并列出编委12人。采择版本约1400余种，录入图版近2000幅。前有周心慧氏"述略"38页，约5.5万字。

《徽派·武林·苏州版画集》，2000年10月出版，大16开本1册。署"周心慧、王致军撰集"，后记中说明有陈坚、马文大两位参加。采择版本约近400种，录入图版700余幅。前有周心慧氏"综述"41页，约6万字。

《中国古代戏曲版画集》，2000年12月出版，大16开本1册。亦署周、王二氏撰集，采择300余种版本，录入600多幅图。前有周氏所作"述略"14页，约1.7万字。

《宋元版刻图释》，2000年10月出版，大16开本4册。署"陈坚、马文大撰辑"，收宋刻660余种，辽、西夏、金版刻55种，元刻370余种。附有陈坚所作《宋代版刻述略》约3万字，载于第一册；马文大所作《辽、西夏、金版刻述略》约2.8万字，《元代版刻述略》约3.6万字，均载于第三册。

据预告，2001年下半年，又将有《古本戏曲版画图录》《古本小说版画图录》各煌煌五大册推出。以上各种，均由学苑出版社出版。由此可见，以周、陈、马三君为核心的，以首都图书馆为根据地的，依托于学苑出版社的一个研究图书版本和版画的中青年人学者集体已经形成。笔者在欢喜赞叹之余，愿意报告这一消息，以引起尚未注意的专家和读者注意。报告完毕，照例也得说上几句老生常谈。

  一点是，以上点到的有关版本与版画的专业书籍，都可列入传统的"书影"的范畴。书影，乃是一类显示书刊版刻特色并部分内容的印刷出版物。许多书籍中都附有书影，那是当作插页等使用的。单行本的书影则大多比较雅致与贵重，印行的目的，不外宣传和供参考。做宣传的，如各大图书馆为宣扬馆藏而编的"书录"等就是。

  还有，如早期出版的《留真谱》，以至《宋元书影》等，多少为了骋才扬己，不但表现自己见多识广，兼有推销影印出版的书籍的意图。供参考呢，则大多出于公心，印出来供很少见到善本书又在学习版本学乃至书史、印刷史的人们使用。唐弢先生说过：

> 研究古书版本的人，除了凭借自己的经验外，大抵还读过诸家访书志、藏书记以及题跋叙录一类的书，浏览过公私藏书目录，揣摩过各种善本书影。（据北京出版社版《唐弢书话》第311页转引）

笔者认为需要补充说几句：近50多年，姑且从20世纪40年代中计算，图书馆学教学较之先前大大兴盛起来。书史、印刷史、版本学的学习（且不说研究）随之也大大兴盛。

可怜那些大学生，特别是函授生，接触真正的宋元版本的机会极少。就是在北大，一学期中也只能在图书馆特为准备的教学实习陈列中，隔着玻璃柜看上几眼。下余的，只可抄笔记，背课本，空对空。直观教具常常只有一部1960年出版的《中国版刻图录》，珍如拱璧，轮流阅览。笔者和周、陈、马诸君都是当年身历其境者。周君等如今发心为善，给后来人学习备下如此丰厚的礼物，笔者合掌赞叹不置。

再一点是，出这种书，投入资金多，售价高，印数少，加以预料中的能购买的读者（包括集团读者如图书馆）不会太多，出版者是要冒相当大的风险的。学苑出版社竟然乐此不疲，简直成了这方面的出版专业户，实在令不会经营的人如笔者大大佩服。建议有关领导：一定要保护好出版社为学术做出牺牲的积极性。

当然，影印书按成本计价，从长远看，经济利益是靠得住的。而且，会越来越值钱。商务印书馆影印的《四部丛刊》《百衲本二十四史》一直到现在还在重印，解放前印的线装本还可以拍卖，真是够保值的。

话又说回来，那可得内容与印制都好，纸也禁得住千百年保存才行。周、陈、马三君，特别是出版社，必须以此为赶超目标,做到精益求精才是。

按现在印出的几本书来看,一则,没有使用中国土法抄造的毛边纸等,用的是机制木浆纸,比报纸强点有限,五十年后能否进拍卖行,还是个问题。

二则,中国的雕版讲究刻工刀法,书影理应传达出原书的神韵。这就要求首先选择好的原本,邋遢本不行。可是,古代小说戏曲的刻本粗制滥造的不少,现存的又往往是孤本,我们在这方面也就不能过于苛求啦!其次,翻拍技术要高。草率的简单的复印要不得。再次就是用好的中国传统土纸精印了。这在当代,只要舍得下本钱,不难办到。

出版社要学习老商务,把眼光放远些,力争做当代的张元济,在影印界留下自己的深深的脚印。影印书,特别是书影,能把细如游丝的刀法精微之处都给反映出来,那才是本事呐!

又一点是,由微知著,只有国泰民安,政治上轨道,经济大发展,才有学术繁荣。恩格尔指标上去了,文化水平提高了,大伙儿有钱买书了,书影才能应运而生。善本书影,自《留真谱》以下,浏览所及,解放前七种。现在呢,光周氏三位干的活计,论种数,就赶上那时候啦!古书拍卖现在势头强劲,钻研此道者不少。从一个侧面反映出一部分人对普及版本常识的需要。这也是书影应时当令的一个原因。不宜有轻商思想,多一点人学习终归是好事。我们需要普及基础上的提高。

最后一点是，更要从各方面激励周、陈、马为核心的研究小集体。要承认他们的成就，鼓舞他们不断进取，乘胜前进。

（原载于《书品》2001年第6期）

敦煌与佛教

《敦煌学十八讲》

北京大学出版社于2001年出版了荣新江教授的新作《敦煌学十八讲》，这是作者力图总结当代敦煌学成就的力作，此书本身就是当代敦煌学研究的一项新成就。

敦煌遗书的发现已历百年，以此为契机而产生壮大起来的敦煌学，也经历了九十年上下的发展过程，早已成为国际显学。可是，一部总括敦煌学绝大部分内容的"入门"书，几乎可以说是没有的。拙见以为，这不是人们不想写，而是这样的书十分难写。

荣教授此书的开头也非常清楚地说到了：盖因敦煌学不是一门从哲学与科学的高度能够下定义加以概括说明的学术，而是利用各种学术为手段来研究敦煌发现的材料——敦煌遗书，敦煌莫高窟等一系列石窟，敦煌木简，敦煌长城烽燧关隘，等等——的综合性学术。几乎从哪一门学术的角度来研究，都可以立即构成敦煌学的新分支。

例如，敦煌壁画保护，敦煌水系，这些都是近年来崛起的敦煌学中的新学科。因而，敦煌学研究者中专门学科的专家多，一开起会来，常常各说各的。专门研究著作也是层出不穷，可是，通人极少。专家而兼通人者更少。

窃以为，荣教授就是这样一位专家兼通人。他立足中古史，通览中外各国大小图书馆、博物院收藏的敦煌卷子并亲手编目，旁涉其他学术部门并深入探究他们的研究成果。他又在北大历史系开设相关的课程。这就促使他边授课边研究，不断开拓自己的学术领域。其初步成果，就是《敦煌学十八讲》一书。

综观此书，窃以为其特点与优点明显地表现在以下方面：

一点是，全面而又扼要地反映出当代敦煌学的基本面貌。这一点，此书的目录就是个简要的介绍。书中虽主要以讲述敦煌遗书的内涵为主，石窟等方面也有简单明确的介绍。至于只是少数人涉及的过于专门的学问，如石窟保护，特别是其中的壁画与塑像保护和复制等，初学不一定要掌握的，不甚接触，是极为聪明而又内行的处置方式。

再一点是，全书中贯彻始终的是立足事实，无空论，切实，具体。读者只要阅读下去，就定能越来越深刻地体会到这一形成此书一大特色的优点。不赘述。

最后一点是，此书是站在时代前沿的反映斯学最新成果的书，这一点盖无疑义。但由于国内外大学中缺乏此类教科书，因而，此书不能不一身而二任焉，同时以课本形态出现。这就迫使它不能不作许多持平之论。然而，荣教授的个人卓见颇多，对时贤的著作也希望学生们了解。于是，不太合乎一般教科书的写法就出现了。一是用大量注释，二是随时发表点个人意见。这些虽然与"常规"的教科书大相径庭，却是独树一帜，打破了一般的程式。这是一部学术意味极浓的，又是为后学引路的书。它会在敦煌学史上留下自己深刻的足迹。

（原载于《中华读书报》2001年10月17日第12版）

承泽副墨

《敦煌文学概论》

甘肃省社会科学院敦煌文学研究室组织编写的《敦煌文学概论》一书，已由甘肃人民出版社于1993年出版。

此书的编写，由周绍良先生担任顾问，颜廷亮任主编，由张锡厚、孙其芳、张鸿勋、李正宇、李永宁、周丕显、柴剑虹、颜廷亮等位担任编委。参加编写的，除上列编委外，还有刘进宝、刘瑞明、李明伟、汪泛舟、杜琪、张先堂、赵以武、谭蝉雪等诸位。因而，该书实际上是一部靠集体力量完成的专著。

《敦煌文学概论》可说是国内外第一部全面、系统地对敦煌文学进行深入论述的专著。

作者打破了数十年来对敦煌文学概念的狭隘理解，把敦煌遗书中的俗文学作品和非俗文学作品均归入敦煌文学，从而大大扩展了敦煌俗文学的内容和范围。书中对敦煌学的社会历史、文化背景、分类、作者队伍、思想内容、艺术风貌和历史贡献等重要问题，也都在前人研究的基础上提出了新的见解，做出了新的论述。

全书约45万字，前为周绍良先生写的序言，接着是编者所写的"编写说明"和"导言"。主体部分分为上、中、下、外四编，最后附有"馀论：关于敦煌文学作品的整理和普及""附录：主要参考著述目录"和"后记"。现录其主体部分各章目录于下，以见概貌：

上编　敦煌文学总论
　　第一章　敦煌地区的先唐历史和文化
　　第二章　敦煌文学的类别
　　第三章　敦煌文学的作者队伍和传播途径
　　第四章　敦煌文学的思想内容和艺术风貌
　　第五章　敦煌文学的历史贡献
中编　敦煌说唱文学和小说
　　第六章　敦煌讲经文和因缘
　　第七章　敦煌变文
　　第八章　敦煌诗话、词文和故事赋
　　第九章　敦煌话本
　　第十章　敦煌小说

下编　敦煌诗赋辞文
　　第十一章　敦煌诗赋
　　第十二章　敦煌歌辞
　　第十三章　敦煌文
外编　敦煌文学杂著
　　第十四章　书仪文学作品
　　第十五章　童蒙文学作品
　　第十六章　寺庙文学作品

据笔者所知，此书从1986年开始编写。1989年完成阶段成果《敦煌文学》，并由甘肃人民出版社出版，受到各方面关注，多次获奖。《敦煌文学概论》则是最终成果。

周先生在"序言"中指出：这部《敦煌文学概论》，自然和《敦煌文学》一书有所不同。主要的不同是：这部书侧重于从理论上对敦煌文学进行分析评述，而《敦煌文学》一书则除解决敦煌文学的内容和范围外，侧重于资料的挖掘和清理。另外，在一些具体问题上，这部书与先前的那本书，看法上也有一些不同。在编写过程中，借鉴和吸收了前辈和同时代学者的研究成果，同时又有新的开拓。可以说，这是自有敦煌文学以来国内外第一部全面、系统、深入地对敦煌文学进行研究和论述的专著。

此书的最大特点和优点是拓宽了敦煌文学的论述与研究

范围。

敦煌文学是敦煌学的一部分,是敦煌莫高窟石室宝藏中的重要组成部分,内容非常丰富,范围十分广泛。但是,长期以来,由于受到旧的传统观念的束缚,因此对敦煌文学的内容和范围理解偏狭,一般只将敦煌遗书中俗文学作品(如讲唱文学等)归入其中,非俗文学作品则被排除在外。

1988年,著名敦煌学家周绍良先生在《敦煌文学刍议》(收入《〈敦煌文学刍议〉及其他》,台北新文丰出版公司1992年版)一文中指出:

> 讲到"敦煌文学",常提到的不外曲子词、诗歌、变文、话本、小说、俗赋等几类而已。实际上,用这些来概括整个敦煌文学,是远远不够的。如果进一步研究,在敦煌文学中,有这几个方面:(1)敦煌文学:传统文学、民间文学。(2)敦煌文学:边疆文学、中原文学。(3)敦煌文学:官府文学、寺庙文学。总之,可用这三种分类法。

这样的分类是符合实际的。本书可说是周先生的这一思想的具体细致的扫描式体现。

此书的另一特点是集体性创作,作者多为中青年学者。它说明我国敦煌学界实力雄厚,后继有人。

承泽副墨

中国敦煌吐鲁番学会会长季羡林先生手抚此书原稿,对笔者说:"这是第一本敦煌文学概论",并亲笔题词:"金针度人,后学津梁"。

(原载于《文史知识》1994年第8期)

《敦煌变文集》及其前后

《古典文学知识》1986年第5期，曾刊出笔者写的《什么是变文》一文，对"变文"和《敦煌变文集》中所载的讲经文、押座文等体裁的作品之特点作了说明。它们都是敦煌卷子中俗文学部分说唱故事类作品。本文要介绍的，是几部系统收集这类作品的总集。

它们共有四部，按出版年代顺序排列，是：

（1）最早编成的《敦煌变文汇录》（1954年）；

（2）集大成的《敦煌变文集》（1957年）；

（3）为《敦煌变文集》作订补工作的《敦煌变文集新书》（1984年）；

（4）为《敦煌变文集》作补充的《敦煌变文集补编》（1989年）。

下面逐一介绍。

一

《敦煌变文汇录》系周绍良先生所编，1954年上海出版公司出版，1955年又出了增订本。全书汇辑编者搜集、整理的敦煌所出说唱故事类作品36篇，其中有关佛教内容的24篇，说唱历史故事和民间传说的12篇。每篇题后都有简要说明，介绍写卷所藏处所，简介内容，间附考订。增订本除增收两篇并增补一些阙文外，还增编了《敦煌所出变文现存目录》。最值得注意的是，编者在《叙》中对"变文"的起源、体制等方面提出了个人见解。这篇文章，称得上是早期变文研究的优秀论文之一。

《敦煌变文汇录》的最大缺点之一是所录不全不备。这是受客观条件制约之故。当时，英、法等国所藏均未拍成缩微胶卷并公开发表，我国所藏只是北京图书馆收藏的"敦煌劫余"，以及私人收藏（其中说唱故事类作品绝少），还有向达、王重民等位先生从英、法拍摄回来的一部分照片。周绍良先生所据只是这些材料，目见原卷甚少。

《敦煌变文汇录》的两种版本现在都不容易找到了。许多青年研究者都没有见过它。后起的《敦煌变文集》似乎把它掩覆住了。但是，以实求实地说，在敦煌俗文学研究史上，这部书起了筚路蓝缕的开创作用，研究者会永远记得它的功勋。

二

王庆菽先生于1949—1950年在英、法通阅所藏近全部的卷子，并侧重搜辑俗文学材料，所得甚丰。这些，加上国内原有的材料，就构成了编集《敦煌变文集》的资料基础。有关情况，王先生在其所著《敦煌文学论文集》中讲得很清楚。此书由吉林大学出版社于1987年8月出版。从某种意义上说，它像是编辑《敦煌变文集》的历史情况及编辑过程的说明，以及资料解说汇编。有兴趣的读者可以参看。

现摘录有关《敦煌变文集》编辑出版的两段文字：

1951年冬……我用了一年的时间，将自己在英国、法国搜集得来的俗讲、变文和通俗文学等资料，以及以前在国内看到的敦煌俗讲、变文等资料和到北京图书馆根据陈垣《敦煌劫馀录》、许国霖《敦煌杂录》所列的变文号码，抄到一些俗讲、变文等资料。全部加以整理，共得一百九十六篇……

1954年冬，我暂时调到北京人民文学出版社工作。

承泽副墨

> 曾经费了几个月时间用放大镜将北京图书馆所藏的敦煌卷子显微照片遍阅一过，也找到一些有关俗讲、变文资料。以后与向达、王重民、周一良、启功、曾毅公诸位先生共同合作，将我所得一百九十六篇的俗讲、变文等通俗小说材料，以及过去已发表的国内和诸位先生曾经搜集的俗讲、变文和通俗文学等资料，经过商讨，共采用了一百八十六篇，后来将内容相同的篇章编校合并，订为七十八篇，汇为《敦煌变文集》……1957年8月才出版，共六十万字，分为上、下二册……《敦煌变文集》只是初步的总集……一些复杂的问题。有时怀着"多闻阙疑"的目的，将那些没有十分把握的问题留待后来者改正和解决……

《敦煌变文集》的编辑过程，大致如上。人民文学出版社于1957年出版此书后，复于1984年8月第2次印刷。它是当今印售量最大的、国际上通常使用的一部敦煌俗文学说唱故事类作品的总集，堪称集大成之作。

应该补充说明的是，这部书的编者是前面提到过的6位先生，而按照当时习惯未署名的出版社责任编辑是周绍良先生。周先生为此做了大量的默默无闻的编辑工作，其秉诸公心的学术道德令人钦仰，于今实应表而出之，俾为世人所知。

《敦煌变文集》厘为8卷。其中历史故事与民间传说故事两类说唱作品3卷,23种。佛教故事说唱作品,则依释迦牟尼生平(佛传)、讲经文、佛家故事分列为3卷,40种。押座文及其他短文列为1卷,13种。另有被认为说唱故事的原始资料1卷,收录句道兴《搜神记》和《敦煌变文集》编者搜辑的《孝子传》。书前有向达先生的《引言》,书末附曾毅公先生辑录的《敦煌变文论文目录》,录有20年代至50年代有关这方面的论著题录106条。

多数研究者认为,此书收录的范围较宽,除真正可称为"变文"的十来种以外,有俗讲中使用的"讲经文"、缘起、押座文、"解座文"(笔者称之为"解讲辞"),还有一些词文、诗话、画本(话本?)、俗赋等俗文学作品,再有一些民俗资料,还有志怪小说,类书。实际上,它所收大大超出了"变文"的范围,而成为一部敦煌所出俗文学中说唱故事类作品及一些相关资料的大全集,为研究中国古代说唱文学提供了集中的丰富的珍贵资料。至今,30多年来,世界上研究敦煌俗文学的人,所仰仗的主要资料书之一就是它。其沾溉学人,早非一代。

由于此书所收内容驳杂,招来一些疵议。例如,周绍良先生曾指出,《秋吟一本》是和尚募化寒衣唱词,颇具寒乞相而缺乏艺术性;《下女夫词》似属于民俗学研究范畴,《搜神记》《孝子传》等应归入南北朝短篇小说系统,等等。挚友程毅中同志更从另一角度指出,《搜神记》有原书题,是一部志怪小说集。《孝子传》却无原书题,系《变文集》编者从5个卷子上抄出23则故事凑成。这5个卷子中所载似均为小类书片段。此种无名小类书片段,在敦煌卷子中不止这五卷中载有。要辑,还可辑出。它们可是类书。

《敦煌变文集》书中更招致疵议的在其文字校勘方面。自出版后,从这方面为它作补正的论文不断出现。杭州大学已故教授郭在贻先生在其及门弟子张涌泉、黄征两君襄助下,全面整理此书,闻其成果将于近期出版,敦煌学界均拭目以待焉。

三

三十余年来,为《敦煌变文集》作补充的已有多家。较早而所收较多的有周绍良先生和笔者所编的《敦煌变文论文录》书末附录《苏联所藏押座文及说唱佛经故事五种》。此书于1982年4月由上海古籍出版社出版,这五种材料的繁体字铅印录文错误甚多,均应由笔者负责,与周先生无涉,在此敬告有关人士:引据务请寻检缩微胶卷或《敦煌宝藏》等影印照片本,勿为笔者所误也。

1984年,台湾中国文化大学中文研究所敦煌学研究会出版了著名学者潘重规先生编著的《敦煌变文集新书》。

此书亦分八卷，《敦煌变文集》中所收完全载入，并作了新的校注（原《变文集》校记大部照录），但分卷编次不同，以押座文为首卷，讲经文、佛经变文、缘起、俗家变文等分卷依次排列，卷八则仍为《搜神记》《孝子传》。苏联所藏五种，台湾所藏《盂兰盆经讲经文》，伯四九八〇号《秋吟一本》等均补录插入有关各卷。书前有《引言》，书末附《敦煌变文论文目录》及潘氏有关论文《敦煌变文新论》。末附卷子照片多种。此书增录之《悉达太子修道因缘》，据日本龙谷大学藏本过录，首尾完整，并以斯三七一一、斯五八九二两卷参校，在新补诸篇中最为突出。

按，周绍良先生亦有《"悉达太子修道因缘"校注并跋》一文，曾在1983年全国敦煌学术讨论会上宣读，后收入该次讨论会论文集"文史·遗书编下"，甘肃人民出版社1987年出版。可以参看。周先生的"跋"最佳，提出一些新观点。

四

前面已经说过，为《敦煌变文集》及此后所出的苏联所藏说唱故事等过录本的各篇录文作补正的文章多有，但其中不乏个别的臆断之处。究其原因，大多因为没有见过卷子照片，仅凭上下文推断。

试举一例，《双恩记》第144行有"三事田衣信脚游"一句，170行有"身挂纳（衲）袍云片片"一句，《敦煌变文论文录》中，铅字所排，"田衣"错成"由衣""纳袍"错成"绸袍"，未能校出，是笔者的责任。有鉴于此，本师周绍良先生指导李鼎霞同志和笔者补《敦煌变文集》，就采用了手写录文和印出卷子照片相对照的方式。

1989年10月，作为首批求正稿，《敦煌变文集补编》由北京大学出版社出版。此书共补《敦煌变文集》未收的15篇，包括潘氏《新书》中所收5篇苏藏和1篇《盂兰盆经讲经文》，还有《悉达太子修道因缘》。其他8篇是新收入的。其中苏藏《妙法莲华经讲经文》采用张锡厚同志首先发表的校录本，《太子成道因缘（释迦因缘）》采用李正宇同志的校录本（亦经发表过）。此书是现在补《变文集》中收录篇数最多又出版期最新的一种。写录和照片录文对照的形式也是前此诸书未曾采用的，是一种新的尝试。

此书由周绍良先生亲自擘画。李鼎霞同志独力书写，厥功尤伟。可以说，没有她，这本书就出不来。可惜印刷水平太差，对不起她下的这番功夫，照片印刷尤劣。尤有进者，该书录文等的错误还是不少，这都完全应由笔者负责。试举二例，如此书137页"护法善神槛迎遍"句，"槛迎"应为"匌迊（'匝'的异体字）"之通假与异体，叠韵成词，义训"周遍"。再者，68页中标为176行的下半漏录八个字"三途作道师。长持法"。总因笔者责任心差所致，陈治文大学长还安慰笔者，说老虎还有打盹儿的时候。实则笔者乃是一只常打呼噜的家猫，逮耗子的能力极差，殊为对不起豢养自己的敦煌学界也。

（原载于《古典文学知识》1990年第6期）

承泽副墨

《敦煌文书学》与《敦煌学导论丛刊》

周太初（一良）老师手执《敦煌文书学》，晓喻笔者："这本书写得很好，大陆知者不多。"然后派我两项任务：首先是从首页到末页，学习几遍；其次是写一段介绍，引发大家的注意。

一、《敦煌文书学》

《敦煌文书学》，林聪明先生著，台湾台北市新文丰出版公司1991年8月出版，《敦煌学导论丛刊》第一种。

林聪明先生，1946年生，文学博士，现任台湾东吴大学中文系教授，是我国著名中年敦煌学家。

治敦煌学者，以巡礼石窟，披览原卷，探勘丝路为贵。

林先生在他治敦煌学的二十余年中，曾远赴欧陆，目验英、法以至丹麦、德国等馆藏敦煌文书原卷；近年复漫游大陆丝绸古道，亲到敦煌。读万卷书，行万里路，治敦煌学者无不心向往之，限于条件，许多人望洋兴叹。林先生以年力富强、风华腾茂时两行之，且将来之发展更无限量，实令人歆羡焉。

《敦煌文书学》一书，洋洋洒洒三十万言，计分十章。以大陆读者今日得见此书者不多，辄作简介如下：

第一章"绪论"，提出"敦煌文书"这个专名词，来作为敦煌藏经洞所出各种材料之总名。举例说明目验原卷之重要，以及摹刻、影印本及胶卷、照片之局限。

第二章"敦煌文书的形态"，探讨文书的外姿、正背、界栏、款缝等问题。

第三章"敦煌文书的用纸"，介绍敦煌文书所用纸张的材料、质地、尺寸、用量等。

第四章"敦煌文书的装潢与印信"，解说文书的装潢情形与图章钤记的标识，可作为证知其年代与出处之资。

第五章"敦煌文书的抄写"，探讨文书抄写者的身份，并分析文书抄写的状况。

第六章"敦煌文书的符号"，探讨文书中各类符号的意义与作用，有助于辨识文书的内容，加强解读能力。

第七章"敦煌文书的题记"，分析文书题记的抄写位置、篇幅长短、内容性质等，并明确其功用，注意其特例。

以上二至七章所述，对初学者全面掌握我国古代写本纸文书（包括若干绢子本）的各方面情况，进一步学习解读，起着重要的启迪、引导作用，属于中国书史的专题，其意义不仅限于敦煌学本身也。

第八章"敦煌文书的割裂"，由于劫夺分散，敦煌文书割裂分藏者甚多，也算一种特点罢。了解文书割裂的情况，俾便进行整理，掌握文书的全貌，以利研究，是敦煌学工作者一定要做的。本章详论其工作方法。

第九章"敦煌文书的出处"，分析文书的来源，了解其地域性，有助于对文书品质与特性的评估：本章提出考探文书出处的方法。

第十章"敦煌文书年代的考探"，文书年代的确定，影响其史料价值甚巨，本章以若干敦煌文书为例，提出考探年代的方法。

值得提出的是：敦煌文书研究中，如未能参照实物，终觉抽象难解。此书在必要处尽量附录原卷影本，并力求清晰存真，使读者将理论与原卷比对，可收具体而且易于明了之功。这种做法，在以往的敦煌学著作中，限于印刷条件等，每告阙如。此书的做法，具有带开创性的特点，或说是优点，值得大力提倡。

此书，林先生以十年之力写成，是林先生二十余年钻研敦煌文书和进行多年敦煌学教学之总结。中国敦煌吐鲁番学会会长季羡林先生序云：

  去岁在中国敦煌吐鲁番学会年会开幕词中，羡林曾有言曰："敦煌吐鲁番在中国，而敦煌吐鲁番学则在世界。"极得与会中外学者之赞赏。敦煌学自建立以来，瞬将百年，东西各国从事此项研究之学者，灿如列星；名篇佳作，层见叠出，敦煌学已渐渐成为世界显学矣。吾国海峡两岸之学者不甘后人，老、中、青三代学人，焚膏继晷，兀兀穷年。半个世纪以来，成绩斐然，使中华文化弘扬于天下，亦可以扬眉吐气矣。

  敦煌学虽有悠久之历史，但深入研究尚有待于未来。人类学术永不能停留于一点之上，年长者既完成其历史任务，年轻者必接踵而至。此学术进化之规律，亦世界之通例也，决非人力所能左右者。但年轻必有一成长过程，语云："师傅领进门。修行在个人。"如无师傅，进门必难，甚至不得其门而入。林聪明教授凭其积年研究之心得，撰成此书，深入浅出，娓娓动人，诚进门之良师，学海之津筏也。以浅见所及，海峡两岸尚少此种著作，此书一出，必将不胫而走。行将见敦煌学研究之佳卉开遍神州大地，敦煌学研究之新世纪亦必将肇端于此，岂不猗欤盛哉！

我国老一代蜚声国际的敦煌学家、中国敦煌吐鲁番学会顾问饶宗颐先生序云:

> 十载以来,国人治兹学者,急起直追,几与海外学人论著相颉颃。其中富有综合能力,又复锲而不舍,专壹以赴者,当以君为后劲。……比者出所著见示,类聚群分,同条共贯,辨彰幽隐,创获尤多。自是治敦煌之学。乃有涂径可循,本立而道生,其有功于书录,岂浅鲜哉?……君篝灯十年,博访周谘,成书十章,举凡用纸、印信、装潢、题识,以至割裂、出处诸问题,罔不细加讨论,洽闻殫见,原原本本,可谓振裘而能提领,举网而知挈纲,足为初学津逮。敦煌学之钤键,舍是其孰与归?

按,研究敦煌学,先须熟悉其目录情况,以便按图索骥;更须有文书学之深厚基础,以便具体研究。但此两方面的入门书尚告阙如,初学苦于摸索。两位老先生的序,一致指出林先生在敦煌文书学方面普及、开创的贡献,称之为"学海津筏""初学津逮""敦煌学之钤键",盖非虚美焉。

二、《敦煌学导论丛刊》

林聪明先生于此丛刊之出版写有"前言",论述旨趣至为明晰:

> 敦煌学的兴起,对古代中国文化史与中西交通史的研究,提供难以计数的新材料,并且产生重大的影响作用;数十年来,研治斯学的风气方兴未艾,踵进者日益增多。然由于其内容庞杂多端,举凡文学、艺术、政治、经济、历史、地理、社会、宗教,以至天文术数、医药科技等,无所不包,浩瀚深博而无涯涘,以一人的智力,累世不能竟其业。是故新学者每有千门万户,无从登堂之叹;而专研者亦仅各照隅隙,未能观其冲路。新文丰出版公司董事长高本钊先生致力弘扬中国文化,近数年来尤全力支持敦煌学的研究。前已耗费巨资,辑印《敦煌宝藏》《敦煌丛刊初集》等基本资料;今更不遗余力,欲大量出版当代敦煌学者的研究成果,供世人参考,俾有助于斯学的发展。余得知其用心,感佩其热诚,乃代为筹编《敦煌学导论丛刊》,邀请海内外中国学者,就其精研范围,以中文分类撰写导论,藉得荟聚

众智，照烛奥义之功。

本丛刊的问世，期能使初治敦煌学者得窥其门径，专研有成者亦可助于会通，从而促进敦煌学的普及与发达，此诚为全体作者共同的愿望。

这一套丛书，正在陆续出版中。据所见1990年3月散发的《〈敦煌学导论丛刊〉内容与作者说明表》，除林先生此书外，计开（以下均依原表顺序排列）：

一、潘重规先生：《敦煌俗字导论》

二、金荣华先生：《敦煌文物外流关键人物》

三、罗宗涛先生：《敦煌变文导论》

四、王三庆先生：《敦煌类书导论》

五、郑阿财先生：《敦煌童蒙读物导论》

六、饶宗颐先生：《敦煌儒家经典导论》《敦煌曲导论》《敦煌乐舞导论》

七、冉云华先生：《敦煌佛教经典导论》

八、陈庆浩先生：《敦煌学史》

九、苏莹辉先生：《敦煌历史〈中古篇〉导论》

十、段文杰先生：《敦煌艺术导论》

十一、樊锦诗先生：《敦煌石窟导论》

十二、李正宇先生：《敦煌地理导论》

十三、姜伯勤先生：《敦煌社会文书导论》

十四、耿世民先生：《敦煌回鹘文书导论》

十五、季羡林先生：《敦煌吐鲁番吐火罗文研究导论》

十六、周绍良先生：《敦煌文学刍议及其他》

十七、白化文：《敦煌文书文物目录导论》

十八、高国藩先生：《敦煌民俗资料导论》

十九、项楚先生：《敦煌诗歌导论》

二十、张鸿勋先生：《敦煌话本、词文、赋篇导论》

二十一、荣新江先生：《敦煌地理文书导论》

二十二、陈祚龙先生：《敦煌文物散论》

二十三、周祖谟先生：《敦煌韵书导论》

二十四、王永兴先生：《敦煌经济文书导论》

据笔者所知，其中大部分已交稿，正在印刷中。尚有吴其昱、左景权、施萍婷、朱雷、唐长孺、王尧、柴剑虹、陈国灿、宁可、张锡厚、赵和平（依说明表排列的约稿时间顺序）诸位先生的力作，尚在联络中。听说有的已经交稿，如赵和平先生有关书仪的著作即是。

总计全书初编约在四十种以上，可谓洋洋大观，实开敦煌学研究未有之局。它是海峡两岸、香港、旅外华裔学者共同努力的成果，是中国敦煌学界实力的一次大检阅。它必将进一步推动国内外敦煌学的研究，特别是最能嘉惠于刚入门的青年学子。林先生实在是中国和国际敦煌学研究一大功臣。他在敦煌学研究的崎岖道路上已留下坚实的足迹,并将一步一个脚印地走下去。

（原载于《书品》1992年第1期）

《英国图书馆藏敦煌汉文非佛教文献残卷目录》（S.6981—S.13624）

作为《香港研究吐鲁番研究丛刊之四》，这部书已经在1994年7月由台北新文丰出版公司出版了。作者是北京大学中古史研究中心的青年学者荣新江教授。

评介这部书，可能是在做一件不必要的事。

敦煌吐鲁番学界尽人皆知的是：一则，斯学以目录为根本，非由目录入手不可，脱离目录寸步难行。所以，只要有得心应手的顶用的新目录出来，大家就迫不及待地想方设法找来细看，可以说，凡是搞这一行的，几乎都是本行的"目录热"和"目录通"，用不着别人介绍。再则，对莫藏S.6981—S.13624的目录，特别是比较详细的注记目录，大家翘首拭目以待久矣！荣君此书可以说是出得恰逢其时，内行必然先睹为快。而且，对咱们这个刊物有兴趣，能耐心细看并且看得懂的，全是这个小圈子内的人。等这篇言之无物的"评介"印出来，恐怕大家早已把这部书翻得稀烂了。以上是从读者方面考虑。

下面，再从此书的内容方面考虑，写评介更是大可不必。

说实话，外行不会看也看不懂这部书。内行一定细看，细看以后会发现，要是按书中所示来对它的内涵提出要求，那么，可以说它是应有尽有了，一个细心的读者满可以从书中找到他希望得到和能得到的所有答案，于是，留给评介者说话的余地就很有限了，说不出什么新东西来啦！可是，咱们还要勉强说那么几句。那么，只能以假定的有志于敦煌学的新入门的读者为对象，把老生常谈聊上两段罢了。

我们建议，一定要细读这部书的"前言""自序"和吴芳思所写的"序"，从中可以了解到：

一、全部英藏敦煌文献入藏和编目等工作的漫长过程的简略史实及其问题。

二、有关本书内涵及编目工作的概略。一定要特别注意荣教授所说的许多甘苦之言，包括注释中一些有真知灼见的话。例如，"前言"的末尾，荣教授讲到从总体上看这部分材料的三个方面的价值，极为精彩。再比如，关于缀合敦煌文书的两个精密工作的范例，在荣教授自可说是踌躇满志，对后来人也恰好是一种示范，让大家看到，正如看一位复原古器物的能工巧匠，是在如何的把碎片粘连成国宝。它需要沉潜斯学之中，它需要多方面的学识积累。

三、荣教授着重指出："这些残片并不是独立的材料""它们原是附着于其他完整的写本或绢画的""这部分资料中。有写经引首，有经帙、签条等，都是今后探讨藏经洞写本来源，乃至中古时期敦煌佛教状况的重要参考材料"。这都是极有见地的话。还可以补充的一点是，在研究中国书籍装帧、庋藏等方面的演变史的时候，荣教授指出的一些材料是现存的最古最直接的文物资料。可惜用来研究的人还不多。

目录正文是这部著作的最基本的部分。

对一部优秀的目录的要求，是它应该把收入目录的每一条资料都安置在最恰当的位置，使读者能尽快地检索到。第二个要求是，在读者检索到该项资料的条目后，要在该条目之下为读者尽量提供简明扼要而又准确的注记，帮助读者决定是否直接阅读该资料，以及扩大检索范围等等。对头一个要求，限于这部著作的原来的框架是"登录账"或者说是"财产账"类型，荣教授只能尽自己力所能及，在正文后的"分类索引"中予以补救。对第二个要求，荣教授则大展才华，充分表现了自己的才、学、识。

作者的水平以及对工作的全身心投入，可以说完全展现在注记和分类索引之中了。

"敦煌在中国，敦煌学在世界"，这是中国敦煌吐鲁番学会会长季羡林先生经常说的话，显示出中国人胸襟的宽大。可是，有爱国心的人，谁不希望本国学者多出优秀成果，特别是在英藏敦煌文献这一触及爱国心的敏感问题上！

我们欣喜地看到，作为英藏敦煌文献的基础性整理成果，它的目录的做成，前有刘铭恕老先生，接踵而来的就是后起之秀荣教授。刘老的作品，限于时间和条件，还不是一份完整的注记目录，可是显示了中国学者远距离作战的能力，证明如果在对等的条件下，我们中国人干自己的学问，绝对可以多快好省地赛过外国人。荣教授的新作，从其启动就表明英国人认识到这一点；其阶段成果更足以向世界敦煌学界说明：敦煌学在世界，更在中国！

（原载于《敦煌学辑刊》1995年第1期）

《法藏敦煌藏文文献解题目录》

国际敦煌学和藏学界瞩目并期待已久的《法藏敦煌藏文文献解题目录》，终于在1999年春季由民族出版社出版了。

对于国际与国内敦煌学、藏学、佛学等方面的学者们来说，对此书的重要性、价值均知之甚详，或者说，比写这篇简介的笔者都要明白得多。笔者能说的，只是向一般的或者说是广大的读者报告此事，以期引起更加广泛的注意而已。

关于敦煌遗书被劫夺分散的经过及其具体情况，这几十年来已有许多书籍——其中包括比较通俗的社会科学科普性质的读物——介绍得相当清楚了，笔者不再赘述，只为广大非专业读者说些与这个题目关系密切的话。

法国的伯希和是仅次于英国国籍的斯坦因到达敦煌并获取大量敦煌遗书的人，比起斯氏，伯氏的明显优势在于，他通晓汉语汉文和大致理解古代通行于敦煌（河西地区）、西域和吐蕃等地的语文，并在取得王道士的同意后，将藏经洞中的遗物全部草草翻阅一遍，重点选取了许多非汉语文献。其中古藏语文献很多，后来成为法国国家图书馆馆藏敦煌文献中极有特色的特藏之一种。伯氏自己对这批材料原来也心中无数，他所编的法藏敦煌遗书目录草稿，汉文部分从2001号开始，原意大约是把前两千个号码留给非汉文文献的卷子的，岂知藏文卷子就超过这个数字。所以，即以藏文卷子而论，也得由拉露（Marcelle Lalou，1890—1969年）来另编成一种目录了。

拉露所编的基本上由法文与藏文对照的目录，我们现在翻译的标准书名是《国立图书馆所藏敦煌藏文写本注记目录》（依照1998年上海辞书出版社出版的《敦煌学大辞典》的译法），一般简称为"拉露目录"。法文原书名就不再列举了。

此书共三卷，分别于1939、1950、1961年在巴黎出版。共收2216号。编者对每号著录的内容是：外观，内涵，研究情况。对非佛教文献用拉丁字母转写出每项内涵的起止词句。前有主题索引。凡属馆藏的重要卷子基本上著录完毕。应该说，拉露已经尽了她的最大努力与能力去办了。

由于种种原因，特别是政治上的阻绝，即如我们简介的这部目录的主编王尧老哥，也是在拨乱反正后才接触到"拉露目录"的。应该说明的是，第二次世界大战前，我国敦煌学和藏学先辈如向达、王重民、于道泉诸位先生，在伦敦、巴黎阅读敦煌卷子时，受到重重阻挠而所得不全不备。战后至现在，英、法、俄等国所藏和我国各馆藏品的缩微胶卷以至影印原卷的书籍逐渐问世，为敦煌学、藏学等学术成为国际显学提供了丰富的材料。正是在这样的接触和气氛中，这部新的目录才得以编纂并出版。

我的乡兄王尧老哥在写给我的一封信中，叙述他们这本新目录的相关情况，十分准确与详尽。节录如下：

随函寄上《法藏敦煌藏文文献解题目录》。

关于此录，有几点说明：

一、伯希和劫运巴黎的藏文写卷，收藏在巴黎的"国家图书馆东方手稿部"内，过去很少有人能直接接触，几乎为西人独揽释读、研究和评述，吾国学者无从插手，只能望卷兴叹也！二、近若干年来。尤其是50年代以还，法国人开始出卖相关材料，如缩微胶卷、影印本卷子选集等。

三、吾人前往巴黎调卷阅读，在石泰安（Roll

Alfred Stein）先生引导下，已有方便照顾。看来，做点研究工作，也得在国势强盛之后，才能办到。否则，谁能理你呢！

再谈直接有关此目录的事。"拉露目录"用法文编写，我国能直接阅读者不多，引用时不免发生困难。吾人有鉴于此，乃发愿改编成此目录，以汉文详注。此目录虽为"拉露目录"之改编与扩大，但应说明者：

一、拉露不懂汉文。涉及汉文的卷子，她无法辨认，更谈不上比较与研究，都轻轻放过了。我们这些研究藏学的中国人，对于自己的文字的理解顺利得多，自然把有关汉文的卷子都一一注明。在释读时，从中了解许多汉藏文化交流的历史情况，自觉颇有兴味。如960号的于阗教法史，986号的《尚书》译文，1261-5号的汉藏对照词汇集。1284-5号的孔子项托相问书，1291A-5号的《战国策》译文等均是。

二、拉露去世较早，近年来藏文卷子研究的进展在她的目录中自然没有反映。我们尽可能添加。但我们的稿子是在1989年编纂完毕的。迟滞到1999年才能出版，中间也没有补充的机会。近十年的研究新进展未能纳入，成为一大憾事！

三、我们比拉露多著录两千多号卷子，虽然多为残卷，用处不一定太大，但总是在目录书籍追求的全备方面尽可能地尽力了。

以上引述了王老哥的许多话，自觉已经把这部新目录的特点与胜过前人之处概括得差不多了。笔者不敢再作画蛇添足之举。

笔者最后想说的是：我国和国际敦煌学的先驱和先辈陈寅恪先生，在他所作的著名的《敦煌劫馀录序》中，不但首先提出"敦煌学"学科名称，而且剀切地说明了目录在研究敦煌学中的重要性。他饱含国家和民族感情地说："敦煌者，吾国学术之伤心史也。"我们上述的这部新目录的产生经过，再一次证明了这一点。王尧老哥也曾饱含感情地对笔者说过：我国藏学研究的先辈于道泉（1901—1992年）先生，1934—1939年于巴黎索邦大学师从巴考（J.Bacot，1980—1967年）学习藏文，当时班上只有三个学生，另两个是拉露与杜尔。从汉藏兼通说，编纂"拉露目录"的应该是于先生，可是原目录还是出于他的老同学拉露之手，对于我们中国人来说，这是多么痛心与遗憾！

可是，我们中国学者是争气的，只要给条件，即使是比外国人低得多的条件，例如能坐得下来并得到必要的资料，就能干得比外国人更好。要是出版资金等能早期到位，还能更快地使成果早日面世。王尧老哥等几位编纂的这部新目录，绝不仅仅是一部单纯的目录书，它从多方面说明，国家一定要富强,要能在世界上站得住。学术一定要受到充分重视,并在安定团结的大好形势下谋求迅猛发展。

〔《法藏敦煌藏文文献解题目录》(藏汉文),王尧主编,民族出版社1999年版〕

(原载于《书品》1999年第6期)

《敦煌佛教经录辑校》

方广锠先生是我的忘年交畏友,始订交于20世纪80年代前期,时方先生正从学于任继愈老师,专攻佛教文献学。

敦煌遗书原系寺院遗物,其中经录以及与经录相关的寺院藏经材料比比皆是,但十分散乱,过去极少有人整理。作为佛教文献学的一个重要组成部分,又迫切需要清理出个眉目来。方先生自觉地愿当此重任,并因此事而经常来向我的本师周绍良先生(时任中国佛教协会副会长兼佛教图书文物馆馆长)求教。我与他也就熟识了。周先生和我都很赞赏方先生在经籍之海中坚持采珠拾贝的坚毅精神。

自结识方先生以来近20年,他已从一位名不见经传的博士生成长为国际知名的佛教文献学学者。著述硕果累累。蒙他不弃,函电常通,每有著作出版亦辄掷赐,所以,我自觉对他的学术前进道路还是了解得相当清楚的。

方广锠先生的博士论文，后来拓展为他的成名之作《八至十世纪佛教大藏经史》。此书的核心是对《开元释教录》与敦煌遗书中的经藏、经录部分的深入精湛研究。其中发人所未发的精彩之处层出不穷，一出名世，并迅速地被译成英文本在国外发表。此后，他的重点工作似乎有一大部分是在环绕着敦煌遗书进行，特别是和其中的经录、经藏紧密关联。其宽厚基础则是对大部分敦煌遗书的经眼与编目。《敦煌佛教经录辑校》1997年在江苏古籍出版社的出版，似乎是他在这方面的一次小小的"亮底"。

作为此书的一名老实的读者，除了赞叹方先生的深厚功力与吃苦耐劳精神以外，我能说的也不过老生常谈。

总的一点是，特别在刚迈进21世纪的时候，回首藏经洞发现一百周年和近80年来敦煌学研究发展的历史，我深深地感觉到，敦煌学研究的面大大地拓宽了，层次也在不断加深。但是，有许多老的学科，如敦煌遗书研究刚刚起步时的热门"敦煌俗文学研究"，也就是对其说唱文学（变文、讲经文等）和曲子词与"定格联章"（借用这个术语）等唱词这两部分材料的研究，虽然到现在盛况不衰，可是老材料已经被炒多次，现在的研究，据笔者看，是越来越趋向于琐屑。如果没有新的材料或相关史料出现，在那条老矿脉中已经挖掘不出什么太有价值的金属了。

可见，敦煌学的研究者，应该着手开垦处女地。处女地也有富足与贫瘠之分，当然以抢种黑土地为佳。也就是说，当前的敦煌学研究，选题十分重要。方先生所选的正是最重要的而当前又没有人做的，更很少人具备方先生那样的研究这个题目的实力的。方先生的成功，指引着一条敦煌学研究的新的广阔道路。

笔者希望说明的第二点是，敦煌学是一门综合性的学术，它一方面需要精通多种学科，如多种外语和相关学术，像方先生的研究范围内就首先得有佛教、目录学、文字学（特别是有关俗字和当时的各种各样的书写方式的研究）等打基础。

另一方面，对敦煌遗书以及藏经洞等方面的内涵，掌握得越多越好。据笔者的不甚全面的了解，方先生和荣新江先生两位，可说是当前国际敦煌学界几百名学者中亲自阅览敦煌遗书原卷（包括编目）最多的人。

有以上两方面的深厚实力，方先生出其余绪，编出此书，不过是显露出自己学术成就的一方角落而已。这又昭示给我们：干敦煌学，犹如建金字塔，必须用上述两种材料共同构建，其基础越宽越扎实，成果就越大越经得起时代考验。这也是老生常谈了，因为方先生此书恰好是一个极好的实例，特揭而出之，供后来人仿效罢了。

方先生此书中，大约是为了使更多的读者理解，使用了个别的非佛教习用的词语。

例如"藏经录",按,"藏经"在佛教中习用作"大藏经"的简称,方先生所说的"藏经录",实在是佛教"经藏"(寺院中为供奉设立的兼供阅读用的专业图书馆)中供养与流通两用的经籍目录,无妨改成内外都不会提意见的"经藏目录"。

再如"抄经录",按,"抄经"乃佛教经籍专名词,指的是抄撮经文中的一些章品,前后杂糅而自成一部新经的。方先生对此十分门儿清。我建议以后再版时无妨改称"抄写经籍目录",虽然啰嗦些,于处理专名词概念方面却是清楚了。质之方先生与读者,不知以为何如?

(原载于《敦煌吐鲁番研究》第5卷)

《英国图书馆藏敦煌遗书目录》
（斯6981号—斯8400号）

方广锠编著的《英国图书馆藏敦煌遗书目录（斯6981号—斯8400号）》，2000年6月由宗教文化出版社出版。

对于该书编撰出版的意义，中国敦煌吐鲁番学会会长季希逋（羡林）老师的推荐意见，可以说是国际上敦煌学界的定局性指导性看法了，节引如下：

  一百年前，敦煌藏经洞发现以后，在国内和国外逐渐形成了一门新的学问：敦煌学。这一门新学问与弘扬中华民族的优秀文化紧密相连，切不可等闲视之。整理研究洞中藏书，工作量极大。在过去的一百年内，只能说初步清理出一个头绪来。细致研究，还有很多工作要做。专就佛教典籍而论,过去整理的结果就不能令人满意。因为数量大,而贮藏之处又分散于很多国家。可是,这一件工作又是非做不行的。方广锠博士有极好的佛学研究基础,有极细致的工作作风。他穷数年之力,远涉重洋,兀兀穷年,终于完成了此书。这可以说是对敦煌学的一大贡献。

这段话言简意赅,已经对方氏此书作了极为确当的评价。笔者在此只能从图书簿录的角度,略略谈一谈读后感而已。

一点是,采用并发展了分条分项的著录方法。这种方法,似乎是日本学者首先大规模采用的。首先用于佛教典籍簿录,如20世纪20至30年代的《佛书解说大辞典》;继而用于敦煌遗书编目,如20世纪70年代大渊忍尔的《敦煌道经·目录编》。我国学者采用此法者,似以刘国钧先生为最早。

刘先生于30年代以日人之法整理我国早期汉译佛经,虽然在条目等方面没有太大改变,总算是在引进新方法这一点上得风气之先。

方广锠先生是善于学习又大有主见的人,根据全部敦煌遗书编目的实际——他主编过中国国家图书馆的敦煌遗书编目,有统揽全局的经历与丰富经验——来安排这样一部局部性的书目的分条分项内容,自然游刃有余。他活用而不死守前人的方法,量体裁衣,做得恰到好处。这种簿录方式的优点是异常清楚,极便应用。

再一点是,此书具有很好的包容性。在敦煌学著作中,后来的著作包容、刷新前人著作之处是极为常见的现象。

例如,所谓"变文"的录文,就一代一代地在前人的基础上不断补充、刷新。目录方面的工作亦如是。关于英藏斯坦因敦煌文书,尽人皆知,英国学者翟理斯(方先生译名为"翟林奈")以38年之力,编成以英文为主(中间非夹点汉文不行)的仅到斯06980号(外加点木刻品号)的约七千号出头的目录。

20世纪50年代末,当时我国的一位中年图书馆学工作者刘铭恕先生,以四个多月之力,仅靠看缩微胶卷,一空依傍,也作成了与之相伯仲的中文《斯坦因劫经录》。

其后,我国两位中青年学者,即方广锠先生与荣新江先生,于1991年远涉重洋,到英国目验原卷,对斯06981号以下各个卷子进行编目。他们的工作成果,荣新江先生的那一部分,已经编成《英国图书馆藏敦煌汉文非佛教文献残卷目录(S.6981—13624)》一书,由台北新文丰出版公司于1994年7月出版。

关于荣新江先生这部目录,笔者的评介发表在《敦煌学辑刊》1995年第1期上,请有兴趣的读者参看,不赘述。

荣氏书系选择性登录，而方氏此书则为逐卷簿录。这就必然会产生交叉著录的问题。敦煌学方面类似的情况比比皆是，不足为病。但是，正如方氏此书"凡例"中所说："本目录决定将《荣目》已经著录的54号也作为著录物件涵摄进来。"其方式则是：

除了遗书外观，如尺寸、行数等资料外，关于文献的内容，凡是《荣目》已经著录者，本目录一概不著录，并注明《荣目》已经著录该号，请读者自行参阅。仅在对《荣目》的著录有不同意见时，适当加以补充。这种补充，也只是提供一个新的视角，一种参考而已。

笔者以为，方、荣二氏，在敦煌学界合作多年，特别是在英伦，并肩作战半年，结下了深厚的友谊。方氏此书，包容了《荣目》的相关部分。在将来的敦煌遗书编目进一步向深广两方面扩展时，类似的情况会不断出现。这是敦煌学向前发展的一种可喜的表现。

敦煌遗书编目的工作，正与全世界各地敦煌遗书原卷刊布的工作紧密配合，加紧进行。荣氏、方氏二目发表后，单独的簿录式目录，或者依附于刊布的原卷的目录、索引等，相信在不久的将来，也就是在21世纪前十年，至多20年内，大致完成。

　　在此基础之上，一部真正的，包括各个文种的敦煌遗书总目录，也将在此基础上作成。方广锠先生在《古籍整理出版情况简报》2000年第7期上发表《关于敦煌遗书的编目》一文，敏锐地提出这一问题。海内外的敦煌学学者，包括早已退休旁观的笔者在内，想来无不举手赞成。

　　方先生主要论证了全部敦煌遗书统一编目的问题，笔者另撰有《敦煌学原材料与研究书刊的图书馆编目问题》一文，已在2000年于北京首都师范大学内召开的敦煌学学术会议上宣读。

　　笔者从图书馆编目的角度，呼吁正在进行编目的学者们注意，根据世界图书馆编目的大势所趋，统一给号、统一编号是方向。现在大家正在各编各的目，各有遵循或自行创造的编目给号方法，如此风起云涌，势必方法越来越多，将来收拾摊子可就越来越难了。建议尽快召开敦煌学编目者与图书馆编目工作者的国际性联席会议，制定妥善解决问题的方案，以制止越来越混乱的局面。

（原载于《古籍整理出版情况简报》2001年第7期）

承泽副墨

《佛教大词典》评介

台湾商务印书馆于1992年出版了一部《佛教思想大辞典》，系由吴汝钧先生独立完成的力作。1994年，商务印书馆国际有限公司在中国大陆用繁体字原版重印，内容未作任何改动，书名改为《佛教大辞典》。

记得英国大文豪狄更斯说过这样的话："序虽然不断地有人去写，但是却很少有人去读。"可是，我建议要购买和使用这部《佛教大辞典》的读者，一定要把书中的"冉云华教授序"和"自序"这两篇文章好好地读一读。读后，对这部辞典的特点与优点就会心中有数了。我在下面所写的"评介"，绝大部分不过是以上两篇文章的复述和延伸罢了。

透过通观全书，我们对这部应属"个人著作"的书，有了如下的认识：作者是一位"好学、慎思、明辨与勤于动笔"的青年学者。他有庞大的研究计划,要对全部佛藏作深入的研究。为了打好基础,他从透彻理解每一个名词术语着手,从而积累了大量有关资料,其中绝大部分都经他消化吸收,成为自己的。终于,他觉悟到:在通向远大目标、攀登佛学最高峰的登山路上,"此间有什么歇不得处!"

于是,为了资源共享和先产生一些社会效益,他就动手精心加工整理,先以此书行世。它可以说是作者为自己和大家共同使用而建造的一座"半山亭"。了解这一点很要紧,它能使我们知道本书的特点和优点所在。

此书作者的致力之处,在于对佛学中思想奥义的正确理解,范围则大致限定在南亚次大陆较原始的即对中国佛教有影响的部分,以及更多的是放在中国佛教所发展的部分。

为了勾稽出某个名相术语的来龙去脉,作者发挥出自己精通梵文、巴利文、藏文、日文和德文的优势,再加上自己的独到见解,常常能够简单明确地把问题深入浅出加以说明。例如,这部辞典中关于唯识学和因明学的许多术语的解释,每每使人读后有豁然贯通之感,实际上,作者着墨并不多。对梵文等外来语汉译的解析与追溯,比起同类的著作,每擅胜场,这也是本书优点所在。

我们向希望深入钻研佛学思想的读者推荐这部辞典。但也应该指出:此书是一部认真严肃的学术著作,不是初学入门用书。没有一点佛学基础的人,用起来会感到深奥些。

再则，此书不是一部佛教"大"辞典，它的容量只有现行的许多佛教大型辞典的六七分之一（从字数上），或说二三分之一（从条目上）。它是一部佛教大范畴内的专门性辞典，以"中文佛学思想辞典"这类的名义称呼它，似乎才名副其实。

（原载于《佛教文化》1995年第3期）

《日本佛教史》读后

笔者对日本和日本佛教所知甚少,却有一种朦胧的印象,怎样形成的,自己也搞不清楚了。可能极不正确,但是因为别无所知,只好从此说起。说对了是老生常谈,说得不对由您讥笑去吧。

这种印象大致包括以下几点:

一点是,日本人是很善于学习的民族,从历史上看,历来是见先进就学,能学就学。他们学佛教,因为距离天竺实在太远,古代虽然也有去的,回来的不多。主要还是通过中国学。看看遣唐的圆仁《入唐求法巡礼行记》、圆珍《行历抄》,以及后来的《参天台五台山记》《入明记》等第一手资料,就会对此种坚持不懈的努力产生深刻印象。

另一点是,他们学得兢兢业业,非常认真,回国以后照方抓药，绝不含糊。中国人学天竺，却是自有主张，不断地加深汉化成分。中国的佛教和佛学，也是随时代的发展而迅速发展。日本人这一批学去的，就和下一批学的不一样。他们是谨守师传的，亦步亦趋的，像所谓"山门派"与"寺门派"之争，从某种角度看，就反映出这种情况。这就制造出许多中国各朝代各宗派的虎贲中郎之似的活化石来。咱们现在要是想大概看看自己古代佛教的某种样子，还得上他们那里去。

再一点是，日本人干学问，似乎有点"世界主义"，凡是世界上称得上学问的，他们总有人在研究，有的还研究得很深入。这是很让人佩服的。他们做学问，又常常是从打基础搞资料入手，甚至于愿意总是干编索引之类为人作嫁的事。他们保存古代文物也十分上心。中国人聪明过度，往往讥笑他们太笨。等到感到有必要向人家取经的时候，悔之晚矣。

且不说那些"活化石"，即以研究中国佛教史而论，近现当代日本学者著作如林。中国人编佛教辞典，从来就以日本同类著作为蓝本。可是，咱们对日本的研究呢，经常是缺门。

记得抗战初期，我国著名军事家蒋百里先生就说过大意是这样的话：日本人其实很浅，爱积累也爱随时抛资料讲心得，他们的对华政策变化，会不断地在各大报刊的字里行间透露出来。只要留心搜集并深入研究他们的材料就行。这一点与俄国人的深藏不露大不相同。可是中国人似乎有"天朝"的自高自大、闭关自守传统,肯于搞日本研究的人太少。

改革开放以来,中国人走向世界,局面大有改观。从佛学研究角度看,杨曾文先生的《日本佛教史》(浙江人民出版社1995年版)一书,就是这么一项新的可喜成果。

杨先生从北大毕业后就从事佛教研究,在深通佛学和中国佛教史的雄厚学术基础上,多次远渡扶桑,深入彼邦寺院和佛教研究单位,经过多年研究积累,成为一位对日本佛教的历史与活生生的现实寺院、僧侣都极为熟悉的中国专家。这是多么难得的人才呀。而今,他出其绪余,著作此书,实为中国学者创作的《日本佛教史》的第一部。

至于内容,初读之下,感到美不胜收。只提出一点:从中国人的角度,以中国人的眼光来看日本的事情,而且是站在我们在二十世纪五六十年代所受严格的马列主义学术思想的立场来看待与研究问题,其成就自不待言。

序言与自序

《宋元版刻图释》序

宋元善本，藏家所重；津逮秘书，书影斯兴。幻像长留，昉于清季；化身再现，盛自近时。括奎璧之精英，显瑚琏之华美。博洽则石渠天禄，旁搜则宛委琅环。知交陈坚、马文大二君，昔曾负笈国子，向字绛坛。毕业后服务首都图书馆多年。入酉山以搜芸草，校天禄而映青藜。咀嚼典坟，沉潜版刻。进而冥搜宝笥，哀聚瑶篇；自立学林，多有纂述。足见术业淹博，识鉴明通。近且以新作《宋元版刻图释》见示。阅其内涵，备见历寒暑之久，积岁月之勤。选材邓林，探珠渊海；博观恣取，迩稽深搜。综览隋珠和璧，间世自属奇珍；审观柯竹爨桐，题品要归具眼：综述穷源竟委，分释沿波讨澜。莫不持论正平，考核精审；合乎体要，切于物情。矩度长昭，津梁可逮。斯篇一出，定可垂声来叶，享誉当时。二君以化文早有课业观摩之谊，征序朽人。自惟半豹才疏，全牛识昧；但有五穷之技，曾无十驾之勤。二君大著，绝无忝乎方家；老朽弁言，深有愧于皇甫。时维上章执徐之岁嘉平月上浣，承泽退士白化文谨叙。

（《宋元版刻图释》，陈坚、马文大编著，学苑出版社2000年版）

《中国图书出版印刷史论》弁言

知交萧东发君,授业国子,究探图书。著作名世,桃李成荫;识鉴明通,学术淹博。敏求好古,朱公叔中食忘餐;遜稽潜搜,谯允南欣然独笑。常参昔贤之令典,愿集前辈之大成。洒壮采于篇章,运英才于著述。近日出其绪馀,有《中国图书出版印刷史论》之作。广集多篇,汇成一帙;穿求七略,贯通百家。博洽则石渠天禄,恣采充栋之藏;旁搜则汉印魏碑,尽启名山之秘。蝉翼影钞,古香可挹;雕梨活字,新样堪传。张司空之博览深究,其成不易;苟秘监之校雠搜剔,为力甚艰。述往思来,守先待后;曲尽事理,不失雅裁。实为书海梯航,酉山地脉。提纲挈领,足见十倍文心;补阙拾遗,成就千秋事业。唯君素耽学术,方在盛年。此编第片羽吉光,乌足尽玄圃积玉。行见文溢缥囊,增论学之助；卷盈缃帙，为垂鉴之资。朽人猥荷关注，嘱作弁言。略缀俚辞，敷陈末简；深惭糠秕，何当琼瑶。时维庚辰岁嘉平月中浣，友谊承泽退士白化文谨叙。

（《中国图书出版印刷史论》，萧东发著，北京大学出版社2001年版）

《古籍整理浅谈》弁言

仲弘学长，三吴华胄，八斗捷才。幼敏才情，早耽文史。通籍国子，深竟古籍。既而服务中华书局四十余年。沉潜纂著之中，回翔木天之上。探书万轴，拂纸千言。莫不彰明缘起，考竟源流；该悉部区，洞察本末。进而奖掖同仁，主持大雅；推贤乐善，置己先人。高文大业，众口同词；狷操和风，一身兼备。顾问不遑，应答如响；辨无不释，言必造微。群推学林通矩，古籍鸿裁。今当盛世崇文，正宜名家阐道。于是纂辑谠论，汇为专书。实函今茹古之文，乃发藻摘光之作。俾后进得奉矩矱，惟大方足备典型。化文与学长，虽同盏盐，悉属通家。倾盖华年，饮醇积岁。承命题辞，敷陈俚句；敢夸流水，用景高山。时维上章执徐之岁仲冬望日，同学弟承泽退士白化文谨叙。

（《古籍整理浅谈》，程毅中著，北京燕山出版社2001年版）

《清代敕修书籍御制序跋暨版式留真》序

有清式彰文治，留意纂修。储珍秘阁，著录石渠。网罗极载籍之博该，刊刻播同文之隆盛。惟是岁月推移，流通稀少。好学名士，寄雅兴而无从；博物闻人，望奇书以兴叹。朱赛虹女史，天资特出，慧业夙修，风调清豪，才情敏妙。供职故宫博物院图书馆二十余年。整齐琐细，收拾散亡。燃藜暝写以杂考百家，弄墨晨书而广搜七略。风和紫禁，日丽彤云；奎璧焕光，瑚琏济美。万轴图书，尽可考订；六房案牍，足备参稽。春华秋实，学与年增。念清室刻书已属前尘，将成绝响。于是有《清代敕修书籍御制序跋暨版式留真》之作。选择排比，损益折中；挈领标纲，分条别类。考核精审，持论平正；体裁详密，义例分明。堪称雕缋万象，牢笼百家；简而弥文，博且有要。化身影印，二我千篇；玉轴牙签，总幻一集。开编证古，命牍传今；史揽十朝，学通众制。女史尝就读北京大学，化文有九载学业观摩之益。今当属予视草，承命题辞，深渐微末，何当琼瑶。略缀俚词，敷陈浅旨。勉副知交雅意，敢夸流水高山！时西元1998年岁次戊寅桐月，承泽退士白化文谨叙。

（《清代敕修书籍御制序跋暨版式留真》，朱赛虹编，北京图书馆出版社2001年版）

《五百罗汉》前言

这是一部奇书。北京燕山出版社社长兼总编辑陈文良学长派我两项任务，一项是对原稿先学习一遍，第二项是就学习心得写一篇前言。力辞不获，勉力为之。

罗汉，是阿罗汉（梵文Arhat的音译）的简称，原来指原始的小乘佛教所达到的最高成就。据说，一位佛教徒修行，可能达到高低不同的四种成就。每一种成就叫一个"果位"，有点类似于现代的学位。这四种果位是：

初果：名为预流果（Srotāpanna，音译：须陀洹），获得了初果，在轮回转生时就不会堕入"恶趣"（指变成畜生、恶鬼等）。

二果：名为一来果（Sakrdāgāmin，音译：斯陀含），得到此果，轮回时就只转生一次。

三果：名为不还果（Anāgāmin，音译：阿那含），得到此果，就不再回到"欲界"受生而能超生天界。

四果：是阿罗汉果，受了此果，他是诸漏已尽，万行圆成，所作已作，应办已办，永远不会再投胎转世而遭受"生死转回"之苦。得此果位的人，就称为阿罗汉，简称罗汉。

据《十诵律》卷四所记，释迦生时，便有随他听法传道的五百弟子，称为"五百罗汉"。《法华经·五百弟子授记品》中，也记有佛为五百罗汉授记的事。《法住记》记十六罗汉各有驻地，各有部下，从五百到一千六百不等；五百罗汉是其中最起码的一组。《舍利弗问经》中记载，弗沙密多罗王灭佛法后，有五百罗汉重兴圣教。西晋竺法护译的《佛五百弟子自说本起经》中，又记载了佛灭度之次年，迦叶尊者与五百罗汉（五百比丘）最初结集的事。结集是梵文Samgīti的音译，指的是编纂佛教经典。南传佛教又有五百罗汉参加在斯里兰卡举行的第四次结集的传说。总之，有关五百罗汉的传说，在佛经中多有记载。可是，都没有一一记下名号。

五百罗汉是何时出现于中国的呢？据《高僧传》卷十二，他们最初显现于天台山，那是东晋时代的事。待到五代，对罗汉的崇拜兴盛。显德元年（954年）道潜禅师得吴越钱忠懿王的允许，迁雷峰塔下的十六大士（罗汉）像于净慈寺，创建五百罗汉堂。宋太宗雍熙二年（985年）造罗汉像五百十六尊（十六罗汉与五百罗汉），奉安于天台山寿昌寺。在此期间，各地寺院也多兴建罗汉堂或罗汉阁。名画家李公麟等画有五百罗汉图像。

至于罗汉名号，现存早期的石刻记录有两件：

一件是，解放后在广西省宜山县会仙山白龙洞摩崖上，发现了北宋元符元年（1098年）的《供养释迦如来住世十八尊者五百大阿罗汉圣号》碑刻，记录了十八罗汉与五百罗汉的名号。另一件是，南宋绍兴四年（1134年）十二月所立的《江阴军乾明院罗汉尊号石刻》，乃南宋人高道素所录，列举第一罗汉阿若憍陈如到第五百罗汉愿事众，一应俱全。原碑不存，碑文收在《嘉兴续藏》第四十三函中，近代佛寺所塑五百罗汉像，多依之列名。

必须说明，以白龙洞摩崖和乾明院碑相比较，两者所列罗汉名号和排列次序并不完全相同。前者镌刻虽早于后者36年，但因发现甚晚，所以，自宋代以下，尤其是近现代的寺庙中，有罗汉堂供奉五百罗汉的，或绘画五百罗汉图的，均大致以乾明院碑为根据。

五百罗汉像，一般分为塑像、画像两类。塑像常见于佛寺中，因为太多，非一般佛殿所能容纳，多另辟罗汉堂以处之。立此一堂罗汉，用工甚巨，所以，带罗汉堂的寺庙，多为大寺名刹。近代寺院中有代表性的罗汉堂，有北京碧云寺、上海龙华寺、汉阳归元寺、昆明筇竹寺等。其中名塑极多。有趣的是，由于五百罗汉人数众多，很难一一指实，有的人就想把自己的形象也塑将进去，过过受香火的瘾。

这方面有代表性的是清乾隆皇帝。北京碧云寺罗汉堂里第444尊（有牌位、号数）罗汉称为"破邪见尊者"，这位金身顶盔贯甲，罩袍登靴，两手扶膝，双目炯炯，分明戎武帝王身，哪是超尘离垢相，原来，这就是乾隆为他自己塑的那尊罗汉像。

更有意思的是，昆明筇竹寺内清代末年所塑五百罗汉像中，竟然出现了基督教祖师爷耶稣的形象，真是匪夷所思。据我们推测，那时法国占领了越南，英国占领了缅甸，他们的传教士经常越界深入云南，进行种种活动。云南本是南传上座部佛教盛行之区，对基督教教义自然格格不入，但慑于列强的淫威，对那些教士的公开传教也无可奈何。好在佛法广大，无所不包，倒不如承认耶稣也是一个罗汉，他们宣传的教义可包括在佛法之中。于是，就出现了这尊奇特的形象。

有关的名画也不少，依其载体，可分为绢纸与石刻两大类型。绢纸型每为石刻型所本。如江西庐山博物馆所藏清代画家许从龙绘制"五百罗汉图"，现尚存112幅，属于国家一级文物，十分著名，近年江西人民出版社曾影印出版，属于绢纸型代表作。石刻型代表作,如,"五百罗汉帖",原石清嘉庆四年(1799年)于常州府(今江苏常州)天宁寺镌立,乃是仿杭州净慈寺塑像绘图勒石,由晋陵吴树山镌字,常州知府胡观澜作跋,有拓片像帖流传。清光绪七年(1881年),释心月翻刻立石于湖南衡山祝圣寺,并附平江李元度所作《祝圣寺石锲五百阿罗汉像记》及吴锦章序,亦有拓本像帖流传。这两种拓片,可称石刻型代表作。

汉化佛教中佛和菩萨形象,到唐代已基本定型,逐渐类型化。他们的衣饰也很特殊,与平常的世俗人等区别很大。罗汉的传说是大致从《法住记》流行后才开始普及的,罗汉穿的又是汉化了的僧衣,和一般的和尚没有什么区别,有关他们的生平资料也不多。

这些,都给艺术家以驰骋想象的极大创造余地,使他们可以在现实的老幼胖瘦高矮俊丑等大量活生生的和尚的基础上,发挥想象,创造出生动的多种罗汉形象来。可以说,罗汉一到中国,就异常生动活泼地显现在佛教徒、艺术家的心目中,丰富了中国绘画、雕刻的题材和内容。

前面已经说过,"五百罗汉"名号实际上是中国人的创造,虽有些佛经上的依据,但从来还没有人详细探究过,因此语焉不详。应该说明,用溯源的方法到《大藏经》中给五百罗汉一一地找出处、依据,作成小传,可是一件十分巨大的工程。

当然，现在有了与《大正藏》配套的《大藏经索引》，利用它溯本求源，可收事半功倍之效。但是先查索引，再找藏经，最后把资料化为自己的东西，重新编录成文，工程仍极浩大，本书两位作者不避冗难，花费这样大的精力试图弄清各位罗汉的根据出处，是非常值得赞赏的。

从《大藏经》中就可以看到，佛教认为"佛法广大"，无所不包，容纳了许多别的宗教教义，采纳并改造了许多神话传说。在发展过程中，南传、藏传、汉化佛教三大体系又都或多或少地与当地传统文化融合。

如，藏传佛教中融入了若干本地原始宗教"本教"的成分，汉化佛教和中国中原地区传统文化的融会尤为明显。更应特别指出：汉化佛教在流传中变化多端，又分裂成许多宗派，因此如长江大河，纳百流而俱下。佛经中说法纷纭，先后译出的"小乘""大乘""密宗"等经典所载佛、菩萨、罗汉等的传记行事，每多矛盾纠纷，不甚一致，看来也是各有各的创造。因此，可以说，能在头绪纷繁的佛经资料中提取、变化、生发，并从而创造出属于自己的作品，正是两位作者功绩所在。

在我们这个旅游热的时代，这部《五百罗汉》书至少可为探访佛教殿堂研究佛教艺术的人提供一定的根据和资料，这也是编者的一个初始意图。本书至少是一部佛教故事新编，海内外尚无同类之作。它呈现出一种奇异的光彩，有识之士一定会看重它，懂得它。凡是阅读它的人，如随喜鹫峰宝殿，一定不会空手而归的。

  （《五百罗汉》，李增新等编写绘图，北京燕山出版社1991年版）

承泽副墨

《镖行述史》序

　　此书可能空前绝后——以前的人没有写过,以后的人写不出来。听搞社会学的人说过这样的话:似乎南北极探险还可暂缓,那里的万年冰雪,短期还不会融化;可是,某些民俗的东西,旧社会的行当,如不趁早抓紧记录,那么,越来越语焉不详,越传越走样,几代以后,可能就湮没无闻,或是以歪曲的轶闻风闻形态出现了。读方君的书,此种急迫感油然而生。

　　对于镖行、镖师,我和大多数读者一样,只是从武侠小说中获得一些模糊而不正确的了解。拿起方君的书稿,原以为也就是一些奇闻异事的荟萃。看下去,看完了,极有收获,大大佩服,方知这是一部学术著作,对镖行的起源、发展与衰落,镖师的人格与风格,从历史到理论,交代分析得一清二楚，纠正了我——恐怕也包括许多读者——的错误与模糊的认识。

下举三例以明之：

本书中说，镖行最早创建于清代康熙末年，到20世纪20年代结束。这就使我们知道了，有些武侠小说所写明代的镖行，是犯了时代错误的。本书中说，镖师与强盗是截然不同的两种人。镖行绝不容许强盗改行作镖师。而许多武侠小说中，强盗因受镖师感化等因由，改行当了镖师的事是有的。最出格的，是三十九路绿林豪杰以结盟形式组成超级大镖局。那当然只能是小说。

本书中说，镖师的武器比较划一，主要是单刀、长枪，后期有手枪等，暗器则主要是飞蝗石、花装弩。和强盗动起手来，也是几招定胜负。绝不像小说中写的那样热闹，有多种奇特武器和暗器，还能大战三百回合。

本书中所述，与常人从小说中看到的不同之处还有许多。可见，小说和历史大有不同，小说家爱怎么写，是他们的自由；写得精彩，正可供读者欣赏。可要读信史，却要靠方君此书了。

写这样的传信之书，得具备几个条件：

一个条件是，某些行当已经不存，书面记载极为缺乏，须趁一些负责人、当事人尚在时，通过访问记录下来。末代镖师最晚在20世纪60年代也撒手人寰，这是作访问的下限。

另一个条件是，做访问和整理工作的人，除了本身应具有的较高的文化、理论水平和语文表达能力外，更需和镖师熟悉，达到推心置腹无话不可谈的程度。同时，"知之者不如好之者，好之者不如乐之者"，要有此种强烈爱好，方能全身心地投入。

再一个条件是，社会大环境允许和支持这一工作。20世纪50年代到60年代初，征集文史资料工作方兴未艾时，有十几年是采访的好时机。当然，公开出版社会史资料书，却得赶上改革开放的好时代。

以上条件齐备真难，方君却是奇迹般地完全具备。

他占天时，60年代做有心人，抓紧访问和搜集资料；90年代抓紧时机写作出版。

他得地利，在镖行总根据地北京南城和外馆两地生活成长，有太史公幼年家徙茂陵亲见郭解那样的生活经历。

他靠人和，与老镖师熟悉并亲聆教益，现在又在出版社工作。

以上条件与机遇，可遇而难求，稍纵即逝。方君全抓住了，抓紧了。他能创作出这部奇书，非偶然也。

必须指出，本书并没有停留在如某些《文史资料》那样的回忆录水平上，而是经过理论分析与加工，写成一部活用历史唯物论对具体历史现象进行深入剖析的著作。镖行的兴衰史、镖师的个体与群体特点，都经方君从整个社会经济、政治的视角，进行了颇有深度的开掘，得出令人信服的结论。更应指出的是，书中的对比分析、相关分析多而精彩，除了镖行之外，使读者又增加了对与之有关的行当——如票号、晋商、大车店的认识与理解，更使人觉得难能可贵。而这种种记载与分析，都是从从容容地以闲话家常的京白道出。某些当代作者惯用的舶来品型名词术语一概没有。使人读起来特别舒服，很愿意一口气读下去，不知不觉间便受到了教益。可是，理论分析靠的是透彻了解和学问、语文水平等方面的真实功夫，这才能深入浅出呐。

我说：方君，您出的这件活儿真地道，我算服了您啦。

（《镖行述史》，方彪著，现代出版社1995年版）

朱国祯及其《涌幢小品》

一、朱国祯生平及其著作

《涌幢小品》是朱国祯的著作。"读其书,不知其人,可乎?"我们就从他的生平谈起罢。

朱国祯(据《明史》卷二百四十本传),一作国桢,字义宁,号平极,乌程(今浙江省吴兴市)人。《明史》本传存其出处大略,但是在细节上有一些讹误脱漏。笔者所见,有关他的生平的重要资料大致如下:

1.《朱文肃公集》中的《自述行略》。这部集子是朱国祯个人的文集。似乎没有刊行过,笔者仅见过北京大学图书馆所藏抄本。凡九册,不分卷。据其《总目》及检阅内容，计"赠序""贺序"合为一册，"墓志铭"二册，"寿序""寿文"一册，"祭文""传"和"状""碑""铭"合为一册，"书启"一册，"杂著"一册，"救荒略"和"自述行略"合为一册，"补编"一册。"自述行略"是他的分年自记的自传底稿，从降生记到崇祯元年。文末有题记："此先文肃公遗笔，适客至，遂阁笔。后疾日甚，不及终篇。"这是他的后人的记录。朱国祯卒于崇祯五年，所缺仅四年有余。"自述行略"一文，是我们研究朱国祯生平的最基本的资料。

2.明代姚希孟《棘门集》（明崇祯年间苏州张叔籁刊行的《姚孟长全集》中所收8卷本）第七卷中所载的《祭朱相国平翁文》。

3.清代沈登瀛《深柳堂文集》所载的《朱文肃公传》。这部文集仅1卷，收入民国年间"乌程张钧衡"刊行的《适园丛书》第十二集。

以上是有关朱国祯本人传记的最直接的资料。其他重要资料，尚有与其先世特别是父母相关的直接资料：

4.明代李维桢《大泌山房集》（明万历间刊本，共134卷）中，第105卷所载《朱公墓表》，第108卷所载《朱公吴太孺人墓表》。这两篇是分别为朱国祯父母所写的碑文。据以得知朱国祯之父朱守愚（1531—1589年），字汝明，号心斋。母亲吴氏。

5.明代叶向高《苍霞馀草》（明天启间刊本，14卷）中，第二卷所载《少师朱公改葬三世记》，是有关朱国祯上三代的直接重要资料。

朱国祯的著作，最著名和最重要的有两种，就是《涌幢小品》和明代历史著作《皇明史概》。此外，便是我们上面提到的他自己的文集了。

以下先述朱氏生平，所据主要是上述资料中的前三项，特别是《自述行略》，并参照《明史》本传。

朱国祯生于明嘉靖三十七年正月初一寅时，即1558年1月20日清晨四点钟前后。乳名阿元。6岁开始读书。从14岁开始应试，经四次考试才考取秀才。此后一面以授馆为生，一面应试。万历十六年（戊子，1588年，31岁），在"春秋经"房中举。这说明他从青年时期就对历史很感兴趣。第二年，即万历十七年己丑（1589年，32岁），考中进士，馆选为翰林院庶吉士。不久，他的父亲在天津病逝，他丁忧扶柩还籍。

他守制期间，在家乡盖了一所"澹竹山房"，过读书乡居生活。这所住房兼书房"卑甚，植竹数竿以障日"（《自述行略》，此后凡引述中不再注出者均引自此文）。这时发生了一件他自己津津乐道的事，就是：房子落成之日正赶上大名鼎鼎的王世贞（1526—1590年）到了湖州。

王是朱的"阁师"（明清的庶吉士称自己入翰林院时的大学士为阁师），朱前往拜见，王很冷淡，一句话也没说。第二天，王世贞忽然做了不速之客，到朱家访问。朱国祯仓皇出迎，"坐于小房中"。王四顾环堵，对朱说："室止是耶？卑甚！恐非翰林先生所可居。"朱回答说："贫儒得此，已为厚幸。"过了一会儿，王对朱叹息说："人言岂足信耶！"朱很惊讶，询问缘故。王就说了："见友人云，丈自通籍后，高房大厦已遍浔中。予心勿喜。昨泊舟贵里，予作野人饰，问里人，有遥指公居，且嗤且笑；再问数老，皆对如前。予老悖，若非此一问，几失！"王世贞与朱国祯告别离去后不久，就逝世了。但此事对初入仕途的朱国祯来说，于树立声誉方面起了极为良好的作用。

万历二十五年（1597年），朱国祯服阕入京，补授翰林院检讨，品级为从七品。在翰林院期间，万历二十六年（戊戌，1598年）参加会试"分考"，在他的房中得中者21人，后来最有名的是谄附魏忠贤的徐大化。万历二十八年（庚子，1600年），他典阅南闱，取中周起元等90人；后来大约有一半成进士。其中周起元最为杰出，翌年成进士，官至巡抚，因反魏忠贤，下狱被打死。

万历二十九年（辛丑，1601年），他居乡。这时发生了"均田"一案。原来，明朝对乡民的赋役繁重，民不聊生。嘉靖、万历年间，改行"一条鞭"法，即把赋税、丁役以及特殊的土贡方物等合并在一起，计亩征银。这样，总算有个具体数字可以遵循，民困稍苏。可是日久弊生，土豪劣绅起而把持，利用秀才、举人等可豁免赋役的特权，上下其手，可是一个地区的田赋是有定额的，这样转而把负担转嫁到无权无势的农民身上。

朱国祯针对这种黑暗的现实，站在贫困无告的老百姓一边，提出"均田便民"的条议，上书给巡抚刘元震和按察使马从聘，并写成揭帖。此举得到大多数老百姓的拥护。刘马二人把这个建议交给湖州人公议。当马从聘由嘉兴起程到乌程来研究此事时，人民大刻"均田便民"四个大字，贴满路旁。土豪劣绅则率领打手近千人，分布在各城门口，打算捉拿朱国祯并焚烧他的住房。双方对着干，一时那个地区局势混乱，大约十天才平息。御史彭端吾为此上章对朱国祯弹劾。此事闹了三年才告一段落。据我们看，这件事堪称朱国祯一生做得最光彩的事情。

但是，此事当然相当地耽误了朱国祯的仕宦前程。因而，直到万历三十二年，议论稍定，他才补授南京的国子监司业，正六品。此时，叶向高正担任吏部侍郎，丁宾担任操江御史（明朝南京都察院分管长江上下防御的御史），朱国祯和他们来往，关系渐渐密切。从此，他在仕途中就逐步归入叶向高这一系的官僚集团之内了。

此后七八年，他在仕途内稳步上升。

万历三十四年（1606年）升詹事府所属的"谕德"，从五品。三十六年南京一带大水灾，他曾给地方政府出了不少救灾安民主意。三十九年升左庶子，正五品。其间，又与原籍县官曾绍芳讨论赋税事宜，不免旧案重提，招人嫉恨。万历四十年（1612年）升国子监祭酒，从四品。这时，叶向高已入内阁，要提拔朱国祯为礼部侍郎，朱夜梦"束一金带，忽为两截"，照我们看，这是他从仕多年，备感风波险恶，在下意识中的反映。从此他处于半退隐状态，住在他弟弟的农庄中。就这样，天启元年（1621年）他母亲逝世前后，还有御史上章，弹劾他接受"贵人"托"词客"带来的贿赂，"赖明旨得白"。"自是，每取国史，辑为小品；构涌幢以居。不交匪人，不谒官府。唯以诗酒寄兴，……课文训子。"实际上，恐怕在1612—1621年这十年之中，他的生活就是这个样子的。

《涌幢小品》的跋中就明确说："是编起己酉（万历三十七年，1609年）之春，至辛酉冬月（1621年）"初稿完成。跋写于天启二年（1622年），估计刊行即在此后不久。

就在天启元年冬天，下诏起他为北京的礼部侍郎。这是叶向高一系执政的标志性表现。但是他对于新朝新政的底细可能还摸不清，所以在第二年带着他最钟爱的小儿子朱绅和儿媳赴京途中又"请告"还家。

还没有到家，天启三年正月十九日（1623年2月18日），朝廷召他入内阁"大拜"的旨意就下来了。拜他为"礼部尚书（正二品）兼东阁大学士""疏再辞，不允"。他只得在四月离乡赴京，六月抵京上任。七月，晋太子太保（从一品）礼部尚书兼文渊阁大学士；十月，复加少保（从一品）兼太子太傅改户部尚书进武英殿大学士；"寻加少傅兼太子太傅（均从一品）"。在内阁中，他的地位仅次于首揆叶向高和二把手韩爌，列居第三。

天启三年十二月二十六日（1624年2月14日），魏忠贤总督东厂。内阁中正派大臣与魏忠贤系统的人的斗争渐渐尖锐起来。天启四年六月二十五日（1624年8月8日）左副都御史杨涟劾魏忠贤二十四大罪，冲突白热化。七月初十（1624年8月23日），叶向高也因"密奏忤忠贤"，被迫致仕。韩爌升为一把手。叶向高临行时对朱国祯说："我去，蒲州（指代韩爌）更非其敌，公亦当早归！"十一月二十日（1624年12月29日），韩爌果然也被迫致仕。这时朱国祯当上了一把手。在不到一个月的时间内，魏党李蕃劾奏，朱氏连上三疏引疾求退。十二月十七日（1625年1月25日），朱国祯也结束了他的官僚生涯。他与魏党的直接冲突不大，所以魏忠贤对其党徒说："此老亦邪人（这是魏党对自己对立面的统称），但不作恶，可令善去。"于是，"恩加少师，进太极殿大学士，改吏部尚书"，以此种名义致仕。"赐银币，荫子中书舍人，遣行人送归。月廪、舆夫皆如制。"（这一段据《明史》本传，但本传中说"加少傅"，是不对的，故据《自述行略》和《朱文肃公传》等改正。）

据朱氏自记，则是："赐驰驿，遣大行靳一吾护行。敕有司月给米四石，舆夫八名。"实质上是押解回籍养老。

"既归，生平无他好，日取国史，手定之。将终身焉。"这时，魏党不断地逮捕正人君子下狱。魏党主要人物之一的崔呈秀上疏，摭拾《涌幢小品》中有关时事的记述，欲加之罪。朱国祯"家居虑祸""无可如何，一听之天""唯日校国史，暇则邀相知对弈"而已。他因此得了严重的神经衰弱病，"夜有不寐之疾，晚必用酒始睡。酒力过辄醒，辗转床席间甚苦，无药可疗"。叶向高也得了这个病，"每贻书，讶其相同"。叶氏在原籍备受屈辱，答应给的"舆皂"由县里拨给，可是"邑佐以事杖公之隶，公不能禁。佐亦绝不惧公"。叶氏不久逝世。朱氏为他作了墓表，这在当时当地，也算不容易了。朱氏惩于叶氏的前车，"不敢请舆隶，省此一段炎凉"。还自嘲说："不尤快乎！"

朱国祯"手定国史"的成果是《皇明史概》120卷，全书凡五种，目录如下：

《皇明大政记》36卷，这一部分因在清代载于《四库全书总目》的"存目"中，也见于"违碍书目"中，所以比较著名，以至于有的读者就以为朱氏的明史著作只是这一部《大政记》了。实际上，叶向高的《皇明史概序》就载于此书之首。

《皇明大训记》16卷。

《皇明大事记》50卷。

《皇明开国臣传》13卷。

《皇明逊国臣传》5卷，卷首1卷。

朱氏的著作，主要就是一前一后的《涌幢小品》和《皇明史概》两种。他写的零星文字，大约在他死后由后代辑为《朱文肃公集》，可能只有抄本。

崇祯元年（1628年），魏忠贤垮台。对反魏的人自然要进行抚慰。八月，朝廷"以御史郁成治疏"，遣行人到朱氏家中存问，"特加太保，赐金币"。此后偶尔还有起用他的消息，但都不落实。他也就在家中读书写作和养老了。

崇祯五年（1632年），朱国祯逝世，"年七十六（按中国传统计算年龄法，按现代通行的算法应为七十五岁），赠太傅，谥文肃，予祭葬"（《朱文肃公传》）。

朱国祯三子：朱绰，病废，早卒；朱绖，弱智无能。只有第三个儿子朱绅，字公申，比较聪明好学。他考取过秀才，在朱国祯退休之际"荫授中书舍人"。朱国祯对他寄予期望。可是，他在北京上疏"建言"，崇祯皇帝生气，对他"廷杖"，打死了。朱国祯写的《自述行略》至此停笔，最后几句是："唯幼子绅有异质，颇爱之，教之，冀其成予志。而今已矣！"晚年丧爱子而不能明显表露的心情跃然纸上。

朱绖所生二子：老大朱鉴如，字有子，接替他叔叔，"以祖荫授中书舍人"。崇祯十七年三月李自成入北京，被捕，处死了。次子朱镕如，字右陶，1645年清兵南下攻破南京后，在南浔起兵抵抗清军，兵败被俘，不屈被杀。其妻王氏殉节。本段除引《自述行略》外，均据《朱文肃公传》。

二、关于《涌幢小品》

据朱国祯自己为《涌幢小品》所作的跋：

> 是编起己酉（万历三十七年，1609年）之春，至辛酉（天启元年，1621年）冬月。积可三十余册。凡经稗（笔记小说）、海（类书）诸书所载行于世者，都不敢录。……要以见意，澹宕自喜而已。生平原无文，又绝无著作，洵举笔，并其稿失去，以为常。即此亦时有散佚，而存者尚多。会赴召，检出，节为三十二卷，付之梓……

对此书的写作时间、经过都有明确交代。此跋自署作于壬戌（天启二年，1622年）九月。书前的"自叙"中也说：

> 浅近之说，人所忽去，且以为可弄可笑者，入目便记。记辄录出。约略一日内必存数则。而时时默坐，有所窥测，间亦手疏以寄岑寂逍遥之况……

也明确说明书中内容大致可分为记录前人旧说和自己的见闻与想法两大类。

这篇书前的自叙中,朱国祯极为推崇宋代洪迈的《容斋随笔》,认为那部书的篇幅多:"数至于五(从一笔至五笔)。"影响大:"下遍士林,上达主听。"他更以本朝的杨慎、王世贞等人的大部头笔记为学习楷模:

> 扩充振发,别自成书。此皆以绝人之资,投山放海之客,为野蔬涧草之嗜。虽畸杂兼收,若无伦序,而中间根据条理,要自秩然。固非探形影、袭口吻,以乱视听者比。其意微,而其致固已远矣!

所以,他"仰视容斋,欣然有窃附之意焉"。他认为,实在达不到洪迈《容斋随笔》的高度,能攀附唐代段成式《酉阳杂俎》也行(其实,段、洪二氏的书,从内容看,并非同类,各有千秋,难分优劣)。"会所创涌幢初成,读书其中,潜为之说,遂以名篇。其曰'小品',犹然'杂俎'遗意。要知古人范围终不可脱,非敢舍洪而希段也。"他著作《涌幢小品》的意旨,在这篇"自叙"中已经说得很清楚了,不外为自己树立名誉,借以"下遍士林,上达主听"罢了。

书中附有"涌幢说"。按,幢本是佛教"庄严具"的一种,有丝帛绸布制作的,有唐代密宗创造引进的石幢。石幢以八角者为多,俗称"八楞碑"的便是。

朱国祯"析木为亭""而偶然象之,因以为号"。这个亭是活动的，可以搬迁："择便而张，出没隐见，如地斯涌，俄然无迹。"所以称为"涌幢"。这可是个六角亭子，四面开窗而两头开门，并非八楞形状，读者不可认真。

《涌幢小品》内容芜杂，虽有内涵中的大致归类，但很不严格。各个条目的精粗优劣相差很大。以下仅提出我们认为可以注意之处，仅供读者参考：

一、朱氏记亲自经历的所见所闻者，大半具有第一手史料价值。如卷一的"献俘""出阁""圣谕"诸条，文笔描摹生动，写典礼的现场，真如电视直播一般；写不受宠的太子的惨状，也使人犹如目见耳闻。此种朝野史实掌故条目相当多，有关明代典章制度和社会情况的第一手材料丰富。这些都有待于有心人自行发掘。

二、第十四卷"均田"以下多条，乃是作者亲身经历斗争的大事件的第一手"供状"。

三、第三十二卷中记载了许多有关明代农民起义的史料。明成化年间的"邪教"的经典目录也登载于此处，已经成为我们当代研究者研究早期宝卷的最宝贵资料。

四、某些传抄前人资料而略有变化之处，朱氏为什么这么干，也值得研究。如第九卷卷末所载的"豕首"故事，早已有人指出是出自唐人冯翊的《桂苑丛谈》，吴敬梓《儒林外史》中那著名的张铁臂耍戏公子哥儿的故事也脱胎于这个老故事。如果把朱、吴二氏所记联系起来看，说不定明末真有这么骗人的，经过豆棚瓜架之下的传说，再经由吴敬梓那支生花妙笔，最后定型为张铁臂矣。

至于书中的糟粕，古代的著作中在所难免，相信读者自有权衡。总之，"如人饮水，冷暖自知"，您只要读下去，就会有收获，不待我在此呶呶矣。

（《涌幢小品》点校本，文化艺术出版社1998年版）

白化文文集

《中华少年儿童背诵经典（古代部分）》序

据说，心理学家依据归纳的大量事实和实验证明，人到老年，对青少年时期的事记得特别清楚，刚刚发生的事反倒记不得了。我国也早就有"少壮不努力，老大徒伤悲"的训诫。我已经年过古稀，日常生活中丢三落四，眼面前的事往往想不起来啦。可是，从小学到大学，背诵过的古诗文几乎还都能朗朗上口。我有时侍候季希逋（羡林）老师开会，您老人家发言时经常随口背诵一些诗词中的名句，五七言绝句则往往成篇雒诵。很惊讶于您的博闻强记的功夫。要知道，对于一位90岁的寿星来说，能做到这一点是太不容易了。

何以能如此？我想：一则老师非常人可比，天赋出众；二则他在青少年时期由于苦读加爱好，必然下过长期的苦功夫；三则他现在有时可能会在闭目养神时默温往事，以追忆这些诗文作为一种消遣。这些可都没敢问过老师，只不过个人猜想罢了。

我由此种猜想而得到启发：自己何不也以默温之法复习五六十年前背诵过的古代诗文呢？这也不失为老年人修养身心的一种好办法吧。于是逐步实行。这样一做，才深感青少年时期记诵的材料十分不够，有许多还记得不牢，做不到像老师那样在需要引用时如从头脑中探囊取物一般。现在的青少年生活在幸福的时代，可以一心一意地学习。我建议，必须利用这一段宝贵时光，尽可能多地背诵一些古典名著中的诗文、格言等，一定终身受益。

古代学童入学，要整部背诵"四书"甚至"五经"，那是为了科举。现在呢，当然以读新的选本为宜。这种选本，一应取古代文化之精华，弃其糟粕。二应适合并启发当代青少年的兴趣，引导青少年由喜爱而达到热爱，终而达到比较自然地自觉地去背诵的境地。三应繁简适中。

古人云："熟读唐诗三百首，不会吟诗也会吟。"蘅塘退士孙洙夫妇受到启发，因而有《唐诗三百首》之选，至今风行。我们也当能从此种选本中得到许多启发。才人代有，各领风骚。我们理应有新的供青少年使用的好选本。这样的选本现在已有多种，我大多没有看过，不敢妄评。让我过目的这部书稿，我看与在下刚才姑妄言之的内涵颇为适合。我既然说不出什么新鲜的来，自然认为这部稿子与拙见十分合拍，赞成它出版，并预祝它能风行海内外了。

（《中华少年儿童背诵经典》，李卫东主编，上海人民出版社2001年版）

承泽副墨

影印陆机《辨亡论》手卷题记

陆机《辨亡论》手卷,现藏中国国家图书馆善本部。馆藏编号为BD15343。《敦煌劫馀录续编》第一百四十六叶著录为:

辨亡论二首　陆士衡　唐写本　新一五四三　三纸七一行

化文按,"新一五四三"是《敦煌劫馀录续编》的编号,现在的书号以馆藏编号BD15343号为准。"三纸"是连缀在一起的,未裱无轴。全卷长137.7厘米,高28.8厘米。所存实为《辨亡论·上》一首之全文,白文无注。首行题:

辨亡论二首　陆士衡

著录者即据首题著录。第二行起录白文正文，直至卷末，将《辨亡论·上》录毕。故此卷虽有首题，按其实际，并参照《文选》著录方式，似应标题为"陆士衡（陆机）《辨亡论·上》一首"。

陆机（261—303年），字士衡，三国吴国吴郡（治所在吴县，今江苏苏州市）人。名将陆逊之孙，陆抗之子。与其弟陆云并称"二陆"，在文学史上被认为西晋著名文学家和文论家。据《晋书》卷五十四本传载：

> 年二十而吴灭，退居旧里，闭门勤学，积有十年。以孙氏在吴，而祖、父世为将相，有大勋于江表，深慨孙皓举而弃之。乃论权所以得，皓所以亡，又欲述其祖、父功业，遂作《辨亡论》二篇……

本传具引二篇全文，可见晋唐之间对此文之重视。《文选》亦全录此二篇。历代均认为此文为陆机代表作之一。

化文以善本部程有庆同志之介绍，于1988年初春得知并及见原卷。曾取以与通行诸本对勘，发表于《〈昭明文选〉研究论文集》（吉林文史出版社，1988年版）。后经《中外学者〈文选〉学论集》（中华书局，1999年版）转载。请有兴趣的读者参阅，不赘引。

　　按，此卷楷书，结体娟秀，笔致流丽谨严，具有初唐书手风格。《中国历史博物馆藏法书大观》第十二卷中，载有陆机《五等论》写卷，亦白文无注。乃傅增湘先生旧藏。《五等论》在《文选》目录排列中，紧接《辨亡论》之后。化文未见原卷，观影印本，笔致与《辨亡论·上》原卷相似。《辨亡论·上》原卷藏于木匣中，另有记录云："1980年11月6日，由善本库十一号书库移交。""采二一八九七三"。此前入藏来路已难根寻，但显然与《敦煌劫馀录》中所收均由敦煌捆载而来者情况不同。《五等论》估计亦系傅氏自京肆收得。按，法藏P.2645号为李萧远（李康）《运命论》残卷前半，白文无注，与敦煌研究院藏0356号适相连接，挚友李永宁同志在《敦煌研究》创刊号上曾专文论述，并有录文。此二残卷，书法笔致与《辨亡论·上》《运命论》亦类似。法藏出自藏经洞，盖无疑义。如能细心比对此四卷，得出一致结论，则《辨亡论·上》为其中最完整之一卷，其价值当居冠首矣！

（北京图书馆出版社影印本，2002年版）

《人名故事与文化意识》序

中华民族本固枝长，源深派远。嫘祖抽丝剥茧，乃服衣裳；仓颉会意象形，始制文字。后世上继祖祢之遗风，下启子孙之后裔；承祧衍庆，考本寻根。于是姓氏兴焉。古先垂训，圣哲立言，莫不序血脉，列由来，以名立身，取字表德。实缘人有名则德著，名应人而实彰。于是硕德通人，鸿儒博士，考究谱牒，案据图经。《书》从"洪范"，《易》著"家人"；体道传芳，顺时择瑞。要在尽雍容揄扬之誉，成缉熙恺乐之功。名之显矣，志亦申焉。杨扬学长，燃火青藜，绅书天禄；该览六艺，通知百家。早窥充栋之藏，久探酉山之秘。际今年有政平，河清人寿，于是有《人名故事与文化意识》之作，借以鼓吹休明，提倡文化。欣开华牒，实慊衷心；快睹鸿篇，颇多进益：网络华夏名氏，条贯今古豪英。去粗取精,缘华摭实。究兹本末,明我宪章;区分异同,创立纲纪。手此一篇,理达而事明,名正而言顺。诚佳名之令典也。

化文谊属乎同窗,分宜于引玉。承乏作序,未敢固辞。无力阐发深微,遵命敷陈浅旨而已。时维公元二零零一年岁在辛巳菊月既望,同学弟承泽退士白化文谨叙。

(《人名故事与文化意识》,杨扬著)

《风雅的诗钟》序

诗钟源从左海,盛于晚清。生面别开,名流共赏。刻烛击钵,网丽篆之才;裁绢穿珠,成色丝之作。虽云别调,衍为大观。作者声气相求,吟社组织叠起。丛刻收载,专辑编刊。斯亦和声鸣盛之一品也。爰及奕叶,微波递传。"文革"战鼓声喧,折枝音寂。然而时逢再造,肃杀过而繁华来;世无久虚,箫韶奏则英杰见。际昌隆之会,为盛世之征。阳春丽景,稍见遍地开花;姹紫嫣红,复睹繁英生树。唯是独缺马列主义观点研究著作,颇难历史辩证反映时代精神。王鹤龄先生,文章政事兼科,循吏儒林合传。群推长者,不愧名家。际会明时,沉潜斯学。参访耆旧,偃息篇章。今更纂成著作,付之枣梨。实为斯道梯航,无前觥论;堪称酿花作蜜,集腋成裘。化文猥以菲才,每承隆盼;一堂请益,数载从游。今当快睹鸿篇,顿忘愚陋;辄敢聊陈片语,略述都凡。时维公元二零零一年岁次辛巳菊月既望,承泽退士白化文谨叙。

《品味书简》序

方君继孝，少怀雅志，长负隽才。敏而好文，贤而博古。以霞举之才，当河清之代，每思鼓吹休和，发扬风雅。于是博综翰墨，属意简编，有《旧墨》五记、《碎锦零笺》等著述。组织遗牍坠简，研精尺素双鱼。意匠清新，情辞雅畅。更有新作《品味书简》，即将行世。收拾散亡，整齐琐细。续前贤之往绪，注学海以新流。隋珠和璧，间世皆属奇珍；柯笛爨桐，题品要归具眼。所望探彼玄微，穷其指奥；勤拂毫素，务使晶莹。遵嘱承乏作序，未敢固辞。爰弁卮言，辞达而已。时维已丑大雪节，颐和退士白化文谨叙。

承泽副墨

《月无忘斋诗存》小引

　　仲弘学长，三吴世家。当湖山秀丽之区，乃人物菁华之地。高门旧德，奕代名贤。君英年负笈国子，奋力博览群书。着意文献考求，成就精深典洽。及夫统领书馆，宗主昭文，右史左图，月征日迈。旁搜博访，朱点黄勘。群推燮和长者，编审良才。晚节依托文馆，寄意彩毫。散珠玉于行间，写胸怀于字里。加以每多名胜之游，更得汪山之助。是以清辞逸响，动魄惊心；短咏长篇，移形换步。堪称盛世元音，正风妙选；名流杰作，才子雄词。足超大历樊篱；堪入少陵丈室。化文虽同盍戠，常获提撕，今更承示一帙，索我片言。觊缕率陈，拉杂琐记；负君雅意，愧我芜辞。时维庚寅人日，同学弟白化文谨叙。

《清代书刻牌记图录》序

岁居丙戌，时值河清，知交董光和先生有《清代书刻牌记图录》之制作。邅访林泉，下问老朽。予曰：唯君问学方新，发挥未艾。匠心所寄，书刻迭刊。年经月纬，沉潜在丹铅书史之中；辑柳编蒲，整齐于亥豕审讹之内。昔曾几度示予玉版，获睹青箱；莫不辉映三才，发皇万有。今更出其馀绪，成此鸿篇。启秀瑶林，植根秘苑。搜寻玄圃积玉，纂辑片羽吉光。深探二酉之山，勒成一家之作。藉兹林薮，树我琳琅。扬一代梨枣之休，综十朝典籍之盛。化文欣逢盛世，快睹大观。饱唉五侯之鲭，坐披七襄之锦。览兹巨制，愧我芜词。时维游兆淹茂之岁菊月初吉，友谊颐和退士白化文谨叙。

承泽副墨

《文献学与文献学家》序

　　王余光同志是我的忘年交，熟悉得不得了。

　　王余光同志是我系即北京大学图书馆学系（现称"信息管理系"）1979级入学，1983年毕业的学士。在校时各方面都已出人头地。他与我系与他同学的徐雁、中文系古典文献专业的钱婉约等位组织"学海社"，此社为当时北大学生社团中之翘楚，奉王了一（力）老师为总顾问，以下顾问颇多，几乎网罗尽北大当时与文献学有关的教师，在下亦有幸忝列其中。他们请顾问并非备而不问，而是经常咨询。因而，我与他们特别是王余光、徐雁两位颇多往来，这也因为同系的缘故吧。我发现，学海社社员中胸怀大志有志于将来在文献学方面开疆辟土者不少，王、徐、钱三位尤其突出。我判断，20年后，学海社中的一些位必成为我国文献学界主力。今幸所料不虚。钱婉约女史是国学大师钱宾四（穆）先生的孙女，家学渊源，与余光志同道合，结为伉俪，比翼齐飞，更是当代文献学界佳话，人皆艳羡焉。

王余光同志自北大入学后即肆力钻研文献学，取得博士学位。在他不断发表的诸多著作中，对文献学提出许多精辟见解。例如，他认为，中国的文献学，应以"文献制作、文献工作、文献发展、文献价值作为研究的主要领域"，并在自己的研究中身体力行。他还不断开辟新的领域。例如，他着力重点研究"民国年间"的出版史实，进而探讨当代出版业中的重大问题。在《中国新图书出版业初探》一书中，首次提出"新图书出版业"的概念，除了自己的研究以外，还指导了近20篇博士、硕士论文，形成一整套"众星拱月"的系统与态势。他大力进行"阅读文化研究"，所编写的《影响中国历史的三十本书》《塑造中华文明的二百本书》等著作，在海内外产生了巨大影响。

王余光同志集学者与社会活动家于一身，他具有强大的调谐人际关系的能力，广交学术界师友，擅于领导学术部门。他自我系毕业10年后便升为教授，12年后担任武汉大学图书情报学院副院长。自调回我系后，连任系主任至今。他还担任教育部高等学校图书馆学学科教学指导委员会主任，中国图书馆学会副理事长、全国古籍保护工作专家委员会委员等职。他如八臂哪吒一般，应付各方游刃有余。我对他极为佩服，佩服之至。

　　国家图书馆出版社一向以首先服务于图书馆学界为职志，多年来大力支持学者出版著作。我对该社一向是佩服的。承蒙社领导和同志们不弃，曾掷下一封"顾问聘书"，那是十多年前的事了。可惜我毫无建树，自觉赧颜。此次为余光出选集，是一件好事，于私于公，总觉得应有点表现。因此，自告奋勇，倚老卖老，为之呐喊几句。敢于向读者推荐的是，您只要读下去，如入宝山，定有收获。是为序。

　　　　　　2007年9月29日，星期六。紫霄园

《江淮雁斋读书志》序

秋禾（徐雁）同志于我有课堂观摩之谊，毕业后又时相过从。我们熟悉得不得了。

从学术角度看，秋禾的特点很突出，十分鲜明，这就使勾勒他的形象变得容易了。

他是一位好学深思的人，他把心思主要放在钻研学术方面。但是，他又不是躲在"象牙之塔"等处闭门造车死读书的人。他的组织能力极强，一方面团聚学友，广通声气，大家摽着干；另一方面，读万卷书又行万里路，到处调查研究，把重点放在出版业特别是旧书出版发行业方面，可以说是见多识广，创见极多；再一方面，他的组织能力极强，可是心无旁骛，专注于和同声相应的诸君一起，办刊物，出丛书，表扬先贤，不忘故旧。一时间，声誉鹊起。起码在我们行当里，无人不知江东徐公（准"城北徐公"之例）焉。

秋禾的另一大特色是极为爱书。他是一位用书人，深知书籍的好处，因而爱书成癖，买书成性。据说，他起码是南京的藏书家之一。不过，据我所知，他藏书是为了用书，他并不是专门收藏善本的旧式藏书家。然而，照他这样的收藏法，几十年后，定会成为如老一代阿英先生那样的某种类型的新型藏书家矣。

我经常想，秋禾与"五四"以来的先辈相比，有点像谁。大胆地说，他像二十世纪二三十年代的胡适之先生。胡先生爱书，藏书丰富。那时在北京，善本不难得，但胡先生不专注于善本，却是用什么买什么，细大不捐，中外兼收。这从他遗嘱留赠给北大的书单子上可以看得很清楚。几部《水经注》、脂砚斋评本《石头记》，就算是胡先生藏品中的翘楚了。胡先生在大学开课，讲授的全是当时的新鲜东西，引领风气之先。胡先生团聚了一批大知识分子，办刊物，是一方领袖，文化班头。胡先生又与大型出版企业如商务印书馆关系密切，经常为他们出谋划策，20世纪30年代的商务版《大学丛书》和某些引进的国外工具书等，就带有胡先生的雪泥印迹。持以与秋禾相比，秋禾似乎是当代的江南的具体而微的小小的胡先生那时的翻版。多年来我就有此种想法，深恐落下个拟不于伦之讥，从没敢说。现在提出来，实在是想借此鼓舞秋禾，让他步武前修，在这条大路上更加坚定地走下去，也警惕着，不可走胡先生在抗战胜利后痛苦地所走的过河卒子之路。当然，这是我过虑了。

秋禾看见我写的这篇拙稿，特别是看到有关胡适之先生那一段，极为惶悚，极力要求删去。我说，这是我的见解，与你无干。小名家比大名家，犹如小巫见大巫，全是巫，有同类项。料无不可。

记得英国文豪狄更斯说过，序，不断地有人在写，可是没有人看。我极为欣赏狄更斯的话，认为至理名言。读者看的是书，而不是看序呀！趁此打住。是为序。

2009年1月30日，星期五。紫霄园

承泽副墨

《阮籍·嵇康》前言

阮籍和嵇康是魏晋易代之际名士中的代表人物，是著名的"竹林七贤"的核心人物。他们都有高度的文化素养，爱好老庄思想，蔑视礼教。他们又是音乐家，都会弹琴。他们都写下了有关哲学的论文，包括从哲理角度研究音乐理论的论文。在魏晋的哲学家和中国古代音乐理论家的行列中，有着他们的位置。

阮籍和嵇康又是文学家。在这方面，阮籍的成就比嵇康要高。阮籍的主要作品是82首《咏怀》诗。此外，他的散文《大人先生传》也是名篇。嵇康写的四言诗比五言诗要多。他是当时著名的思想家，写过重要的哲理论文，而诗歌的成就却较小，特别是在艺术性方面，比不上阮籍。

嵇康属于当时名士中服药一派，常言养生服食之事，但富于正义感和反抗性。阮籍则属于饮酒一派，在不拘礼法方面的表现比嵇康还要充分，但他的反抗性显然比嵇康差。他不满于虚伪的礼教和伪君子，他了解封建统治阶级内部的许多黑暗和罪恶。在当时恐怖政治统治下，他的心情是苦闷的。但阮籍缺乏鲜明的斗争性，由于害怕招致政治迫害，只好采取与世推移的手法，借酒浇愁，糊涂了事。他的遁世和颓废思想要比嵇康严重。反映在思想方面和各类作品中，消极因素也比嵇康要多。

在政治上巨大变动的时代，知识界的代表人物总会自觉地或被迫地出场作种种表演。阮籍和嵇康在这方面的表现就很有典型意义。综观阮籍和嵇康的一生，他们在魏晋易代之际政治舞台的台上台下、台前台后的种种作为：有时合有时分。有的骨头硬有的软。有的自以为心明眼亮、敢想敢说，却不明不白地送了性命；有的揣着明白装糊涂，以大隐于朝市的手法委曲求全，侥幸地躲过了政治风波——这些，在隔岸观火的后人看来，自然饶有意味。可我们自然不会忘记，其中也存在一面镜子。

阮籍和嵇康都死在司马炎建立晋朝以前。陈寿写《三国志》，对他们的事迹只是寥寥几笔一带而过。这可能是因为陈寿的书本来就写得简括。但更可能是因为陈寿以亡国降伏的知识分子的身份由蜀入魏再入晋，中心惴惴，对晋朝建立前知识界反司马氏的斗争不敢触及。《晋书》为阮籍和嵇康立传，后人颇有訾议，认为此二人生活的时代在晋朝建国以前，按史家惯例，似乎不应阑入晋代。我们想，《晋书》的编写者可能有补《三国志》所未备的意图。更可能是想把晋朝建国前夕思想界知识界一场政治大斗争的脉络勾勒得更加清楚。如果没有《晋书》的阮籍和嵇康传，仅凭当代人和南北朝时虽然丰富但却是片断和杂乱的史料，我们对阮籍和嵇康的一生以及他们在政治斗争中的地位和表现，就不会像现在这样了解得便当与清晰。因此，我们在本书以《晋书》的阮籍和嵇康传为主要材料，加以注释和译意。在注释中，引用大量的零星材料作为补充和对照。

《晋书》的阮籍和嵇康传有记事不按先后顺序的情况，对许多重要事件的年代也缺乏明确交代。因此，我们编制了一份简单的年表，附于最后，聊加补苴。限于本书体例，这份年表只能是简单的，许多关系不大的或在本传和注释中已有明确反映的事实，都没有写入。为确定某件事实发生的年代所进行的小考证，也大都略去。

我们的学力有限，工作粗疏。本书中的缺点错误，敬请读者指正。

（《阮籍·嵇康》，白化文、许德楠译注，中华书局1983年版）

《中学古文全编》前言

收入本书的,都是解放后收入各出版社出版的各时期各年级中学语文课本的古文名篇。

何谓"古文名篇"?可以这样认为,所谓"名篇",起码是经过宋、元、明、清四代,特别是明代中期到清代中期这数百年间,许多读书人(尤其是其中的有眼力的大知识分子)、编选者、书坊出版家等不断地一代一代地筛选出来的。它们又经受了时代的考验。这些"名篇"是社会客观需要和认识检验的成果,不完全受某些人主观认识的支配。因此,具体到哪些算是名篇,虽说并无百分之百的定论,可是,某些脍炙人口的篇章,一因其本身的思想性与艺术性肯定有过人与动人之处,二因能适应社会上的需要,因而经常被选入选本,其作为"名篇"的客观性确实存在。清代的选本《古文观止》，一向被认为文选范本，其超越前后各种选本的优越之处，恐怕就在于它所收的篇章中"名篇"较多，读者面宽广之故。当然，有些文章本来湮没不彰，通过《古文观止》这样的选本而声誉鹊起，也是有的，可是肯定不会太多，所谓"文有定评"是也。

当然，随着时代的变化与进步，主观标准会有很大的变化。解放后，我们选文的时代标准有没有呢？通行于一般读者之间的"名篇"有没有、有多少呢？我们以为，解放以后，各出版编辑机构陆续编选出的中学语文课本中的古文篇目，就是近50年来筛选出的名篇。它们大致固定在约三百篇的范围之内，收纳在历届中等学校语文课本（包括普通中学、中专、中技、成人中等教育）之中。历年的各种选本，这次选这么一二百篇，那次又选那么一二百篇，选来选去总在这三百篇左右的"如来佛的手掌心"里打转转。这些篇文章的读者面十分宽广，只要是有中等教育水平的人，包括某些学习中国文史医学类专业的外国人，可说是尽人皆知，无人不读。我们认为，这就是我们当代的"名篇"。我们这部书，就是这些名篇的集成。为了便于读者阅读，在入选的每篇文章之后，除了加上详细的注释，还附有白话译文。几项附录，供进一步理解所选的文章时参考和学习之用，也为查考书中内容提供一些便利条件。

我们觉得，一位在某类中等学校学习的学生，或从事中等教育的语文老师，如果执此一册，不论课本篇目几年内如何调换，绝大多数在本书内都可以找到。对于广大自学者、学习古代汉语的外国人，本书都可作为课本或主要参考书。对广大读者来说，通过阅读这部古文入门书籍，能打好学习古文的基础，提高文学、历史等各方面的修养。这就是我们编选这部书的目的。

我们的水平有限，工作粗疏，希望得到指正。

（《中学古文全编》，白化文、李鼎霞编著，上海辞书出版社1997年版）

承泽副墨

《学习写对联》前言

笔者业余学习写对联，粗粗一算，从知道什么是对联起，大概近60年了。笔者的祖父会写大字，常写匾额与对联、条幅。他也会自己撰写联语。家中常备的工具书，小型的如《声律启蒙》《笠翁对韵》《诗学含英》，大型的如《佩文韵府》，先祖父有时也教导我学习初步使用。旧社会的应酬多，各种对联的利用率相当高。耳濡目染，我那时虽没吃过猪肉，可常见猪跑，也就慢慢地知道了一些对联的写法及其避忌等常识。先祖父逝世，我家迁居北京后，在我读高中阶段，我算是家中唯一半成年男丁，亲故婚丧嫁娶时，也得当代表，小作应酬。拿着"对联作法"之类书籍，照猫画虎，临时抱佛脚，也能凑合着拽上两句。解放后，这点三脚猫四门斗的功夫早已撂下了，不进则退，基本上练不下来了。

　　不料，欣逢盛世。80年代初，中央电视台开办"新春征联"活动，连续三年。我以北京中华书局《文史知识》编委的身份，得以参与其事。从此近20年，年年都有种类不同的征联活动，凡是在北京举办的，差不多都有我掺和进去的印迹。我在这样的实践中，自觉能为大长。慢慢地也能练上几套花拳绣腿。现在呈献给读者的，就是其中的一套猴拳加醉拳。

　　书名《学习写对联》，说的就是我自己在如何学习写对联。此书不太系统，十分浅薄，定有各种各样的错误。但敢于向读者保证的是：它主要是笔者的个人学习心得。这是一本经过初步整理的学习笔记。希望读者不吝指正，以便在将来进一步提高。

　　我的爱人李鼎霞是我的大学同班同学，50年代同毕业于北大中文系，也是个对联爱好者。她参与了这本小书写作的全过程。书中还采用了她撰写的几副对联。说她是此书作者之一，并不为过。可是她坚决不肯署名，也就且自由她吧。

　　　　（《学习写对联》，白化文著，上海辞书出版社1998年版）

承泽副墨

《稽神录》前言

《稽神录》六卷，拾遗一卷，补遗一卷，徐铉撰。

徐铉（916—991年）字鼎臣，扬州广陵（今江苏扬州）人。从小就很聪明，十岁能作文章。他在南唐做到吏部尚书的大官。南唐亡后，随着后主到汴京（今河南开封）去，又在宋朝做了20年的高级文官，曾参与编纂《太平御览》《太平广记》《文苑英华》《江南录》等工作。徐铉和他的弟弟徐锴都是当时著名的作家，时人把他们和前代的江南才子陆机、陆云相比[①]。他所作的文章编为《骑省集》。在这部文集里，应制、谀墓的文章很多，思想性一般很差。徐铉的最大贡献还在于他参加编纂的几部大书。这几

---

① 《宋诗》卷四四一本传。

部书给我们保留下大量的材料，是考史、学文、辑佚、校勘诸家取之不尽的宝藏。他是这几部书的主要编辑人之一，我们不能忘记他的功劳。

徐铉的思想出入儒道二家，而以道家为依归。他的绝笔只有六个字："道者，天地之母。"可以概见。这个"道"，自然是"道可道，非常道"的"道"；可是，当时的道家已和道教合流，因此，徐铉的脑子里有许多因果报应灵怪的成分，自不足怪了。这该当是他编纂《稽神录》的思想基础。

《稽神录》是《骑省集》以外现传的徐铉的唯一著作[①]。他自己说，编纂这部书很下了些工夫，从20岁到40岁，20年间只笔录了150件事[②]。这大约是本书的初稿。以后他的官越做越大，就有人投其所好，把这类材料源源供给他[③]。据杨大年说：徐铉的一位幕客蒯亮就曾供给了许多材料[④]。本书中有年代可查的记载迄于967年[⑤]，可见在陆续地增订着。974年，徐铉降宋。又过了两年多，即在977年，他参加了编纂《太平广记》的工作。他想把《稽神录》编入《广记》，又有些犹疑；大约鉴于自己是"新附之人"的地位吧，不免仰承总编辑李昉的鼻息。李昉却很鼓励他，叫他放开手做去。

---

① 另有《质疑论》若干卷，失传。
② 《郡斋读书志》卷三（袁本）《稽神录》条引徐铉自序。
③ 本传。
④ 本传，引杨大年语。
⑤ "刘威"条。

因此，《广记》采录了《稽神录》的绝大部分①。《稽神录》在宋代也有单行本，晁公武见到的是六卷②，大约是初稿本；另有一个十卷本③，可能是增补本。这两本都不传了。陈振孙另外见到一个不分卷第的本子，他认为是从别的书里——很可能指的是《广记》——辑录出来的④。这大概是现传诸本的祖先。《津逮秘书》和《学津讨原》都收录了这部书，并作六卷，附拾遗。我们疑心就是毛氏把那个不分卷第的本子重新分卷而后校补印行的。此后，陆心源在《群书校补》中用《广记》校异补遗了若干条。

1919年，商务印书馆重印了这部书，是用毛、张二家的书作底本，拿陈仲鱼用宋本校过的许刻《广记》校勘⑤，又从曾慥《类说》中校补若干条，录成一卷补遗。对书中误收各条也注明。这是现传的搜集最完备的本子。我们就根据商务本重印，并用谈刻《广记》对勘，作了一些订补工作。

鲁迅先生对《稽神录》有很允当的评价："其文平实简率，既失六朝志怪之古质，复无唐人传奇之缠绵，当宋之初，志怪又欲以'可信'见长，而此道于是不复振也。"⑥确实，这部书的文学价值并不高，思想性也很差，其中宣传

---

① 《枫窗小牍》卷上。
② 《郡斋读书志》卷三（袁本）。
③④ 《直斋书录解题》卷十一。
⑤ 《藏园群书题记》初集卷四"校宋本《太平广记》跋"。
⑥ 《中国小说史略》第十一篇。

神鬼报应的地方比比皆是——这正是徐铉著书的本意吧。在这方面，本书已是后来许多"善书"的滥觞了。可是，又如鲁迅先生所说："宋代虽云崇儒，并容释道，而信仰本根，夙在巫鬼，故徐铉吴淑①而后，仍多变怪谶应之谈"②，蔚为一代的风气。以至于后来洪迈编纂的420卷的《夷坚志》，在旨趣、内容、风格上都蒙受他极大的影响："偏重事状，少所铺叙，与《稽神录》略同。"③可见《稽神录》在我国文言短篇小说发展史上有它的重要地位。它上承六朝志怪与唐人传奇之源，虽然不一定继承到太多的好东西；下开宋代以后笔记小说之流，虽然不一定给了后代许多好的影响。功过且不谈，它总是一个转折点。这是我们重视的一个原因。我们重视它的另一个原因，也如鲁迅先生所说：作者追求"可信"。他记录的多半是当代的实事，又为正史所不载的。虽然大多来自传闻，又已经过述者和作者有意无意地歪曲和渲染，弄得面目全非；然而作为反映当时社会生活情况的史料看，披沙见金，我们仍然可以细心地找到一些有价值的东西。不妨举几个例子：卷四"姚氏"中的人鱼故事是可供研究动物分布学参考的，它说明了一千多年以前我国东南沿海可能有海象一类动物的踪迹。卷五"豫章人"中所说的十二生肖，解放后在发掘古墓葬中出土甚多，这篇文献正

---

① 吴淑是徐铉的女婿，直接受徐铉影响的，著有《江淮异人录》。
②③ 《中国小说史略》第十一篇。

可供考古学者参考。社会史料则更多。卷三"周洁"条写甲辰（944年）江南大饥的惨状，惊心动魄。同卷"胡澄"条写到"责"及枯骨，使人毛骨悚然！在那样的社会里，人活不下去，鬼也不得安生！值得特别提出的是卷六"食黄精婢"，俨然是古代的白毛女。一个婢女，不堪压迫蹂躏，逃进山去，靠吃草根过日子。为了逃避"东家"的追捕和虎狼的危害，她在山上飞跑，不时地转移。于是"白毛仙姑"一类的"神话"就传开了。"东家"不肯放过她，"师爷"出主意算计她，狗腿子去"网罗"搜捕她。最后，用了极卑鄙的手段，"试以盛馔，多其五味，令甚香美"。当这个饿得半死的女孩子饱餐一顿，胃肠机能发生变化时，突然地把她抓住了。她被捕后"数年亦卒"。剥下那层神秘的外衣，我们看见了什么样的血淋淋的现实！

（《稽神录》，宋·徐铉撰，白化文点校，中华书局1996年版）

寿辞、碑文

秋浦周先生欣开九帙庆寿文集
征稿小启

　　学界耆宿秋浦周绍良先生，簪缨世胄，诗礼清门。学术精博，青年垦殖书林；修证虔恭，晚节扶持像教。燮和中外，蔚为法相之宗；容养贤愚，隐作士林之望。温然不伐，德业逾隆；卓尔自将，风标弥壮。某等夙荷推奖，误辱见知；企待扬徽，敢忘述美。维丁丑上巳良辰，正先生八十华诞。八千岁而为春秋，将载大椿之历；四十年以达百廿，争传乐圣之觞。行开九帙，当祝千龄。佥以当依学界通例，合刊祝嘏论文。近可昭庆千秋，远则传存百代。在先生可俯慰平生，于后进则仰答知遇。辄为小启，伏望名公：奋椽笔以掩映少微，资文言而式歌难老。翘瞻琰琬，切盼篇章。恳祈蚤颁珠玉，用寿枣梨。

承泽副墨

秋浦周先生八十寿序

三月三日，文星降修禊之辰；八洞八仙，寿筵申引年之祝。五百年名世，谓此实然；八千岁为春，方今伊始。秋浦周先生，中山阀阅，族望通明；茂苑仪型，门风清邵。少年挺秀，总角从师。名儒敦诲，常闻长者徽音；故老披宣，颇记先贤逸事。进而负笈国子，深竟史家。洒笔成文，耽思述古。当典谒之年，有成章之目。唯时东邻构衅，外患荐臻。东北风尘，西南漂泊。闪避岩窟之内，崎岖戎马之间。战事如紧急春寒，家书仗迟延邮递。迢遥乡国，萧瑟江关。漫卷诗书，剑外忽传捷报；长驱水陆，春申便著游踪。惊战火之蔓延，恋春晖而归养。洛市题扉，时著书而载粟；长安贳酒，亦卖赋以取金。开国全盛，先生筮仕之年；天祚维新，学术勃兴之日。于是师从太乙，开辟酉山。随手铅丹，覃思考校。讵意学海波寒，儒林烟翳。值清流之罗织，痛女祸之披猖。世历横流，人坚松劲。骊珠独抱，雾豹深藏。人天共愤，讨群丑于广庭；雷电交加，扑四凶于庙社。欢腾万户，喜溢千门。国运再兴，法缘殊胜。先生宿根深厚，家学渊源。细流共仰，物望咸推。旧齿屡征，蒲轮相望。于是稽首三归，虔行八戒。入参法事，出驾星轺。当国事纯熙之岁，正先生翊赞之年。此先生生平之大略也。先生学术，文史通淹。究其大者，厥有多端：曰红学，曰佛学；曰敦煌学，曰唐史学；曰石经之学，曰文物之学；曰小说之学，曰宝卷之学；曰唐人传奇之学，曰古代墓志之学。无不尽决旧藩，独标新帜。结预流之果，成综释之篇。于今视听不衰，尚披秘籍于朱明；神识自若，每竟缃编于午夜。名山藏厚，足以垂芬；夫子墙高，尚容仰赞。今当华辰祝嘏，群公既荐币以承筐；昼锦张筵，小子当历阶而扬觯。聊陈短引，用祷长年。时维丁丑上巳，吉日良辰。受业承泽退士白化文顶礼九拜谨叙。

承泽副墨

恭祝秋浦周先生并沈夫人米寿暨结缡七十载寿序

秋浦周先生暨德配东海沈夫人，朱张世胄，王谢名门。俊德天钟，徽音地协。将以乙酉季春，同届米寿。周先生风雅蝉联，冠裳奕叶。周流典籍，博涉辞章。绌内典于蜂台，阐幽芳乎秘府。莫不探彼玄微，穷其旨奥；发言为论，操翰成章。允推学界元良，佛门弼士。从心之岁，领导倚畀，各界推升，复以馀力，奋鹏翼于九天，骋骥足夫千里。苍颜赤绶，高议龙楼；丹笔青蒲，蜚声虎观。及乎晚岁，推位让贤，悬车归隐。陶潜解组，孙绰遂初。符东山之硕望，摅梁父之高吟。沈夫人画阃含章，名闺蕴采。内外同称圣善，子女仰望温慈。翼赞先生，齐登上寿。今当日暖桃源，风和柳径；黄鹂鸣树，紫燕栖梁。是应一晋羽觞，再陈华乐。行见苍茫瀛海，增蓬岛之筹；炳耀长庚，映浮丘之彩。时维乙酉桃月，修禊吉日良辰，受业白化文顶礼九拜谨叙。

承泽副墨

选堂先生米寿献辞

选堂先生，黉宫斗极，学海昆仑。照耀梓桑，辉光家国。维今米寿方启，茶龄可期。同人等愿言海屋添筹，当效华封称祝。献辞曰：

先生之学术堂构，才备九能，业精六学。燃藜虎观，问字鸡园。搜虫书鸟语之文，溯龙树马鸣之论。可谓通今博古、融中贯西者矣。

先生之文艺制作，以空灵瘦劲之笔，写缠绵掩抑之音。歌佛国之凌云，咏美洲之落日。发林泉之高致，得山水之纯全。落笔吟风，拨弦写月。可谓托旨遥深、审音明晰者矣。

先生之敦煌研究，远发秘府，西陟鸣沙。推究笔精，披观墨妙。凿琵琶谱之混沌，解想尔注之阙疑。可谓沈沈夥颐、戛戛独造者矣。

夷考先生平昔，才艺博综。广见洽闻，饱学多识。早膺预流之选，不愧大师之名。今当金液延龄，必邀赤松等算。同人等时获教言，每怀感激。爰呈寿颂，遥祝椿年。时维西元二零零五年岁次乙酉清和之月，《敦煌吐鲁番研究》同人谨贺。

承泽副墨

临清季先生九十整寿征文小启

　　学界耆宿临清季先生，清时国老，昭代文星；泮水师仪，黉宫道范。鲁重灵光，天留硕果；世间人瑞，地上行仙。维辛巳荷月良辰，融风轻拂，丽日绵长。正先生百廿方开，九旬初度。同仁等夙承陶铸，叨列门墙，佥以适逢揽揆之辰，必显称扬之美。当依学界通例，合刊祝嘏论文。立德立言，颂兹不朽；寿人寿世，庆此无疆。勒成卷轴，岂唯鼓舞学人；结集篇章，抑亦光华史册。纳之二酉，千春扬盛世之祯符；广于五洲，奕世纪华国之盛事。辄为小启，翘盼鸿文。

临清季希逯先生九十寿序

庆南山之寿，三千士声闻侍坐、诞东海之滨，五百年名世间生。临清季先生，生负异姿，少多至性。躬耕陇亩，负笈清华。既而万里西行，多师转益。天竺梵书，沉潜悉遍；焉耆残卷，解释无遗。载誉归来，秉铎国子。学津布护，教泽周流。林宗名盛，遂为多士之归；荀卿道高，克符祭酒之望。操翰成章，发言为论。浡成文集廿四册，自传卅万言。耄耋之年，康强犹昔。虽力谢纷华，性安恬淡，而中外仰延，后进依为模楷；生徒倚赖，群贤奉为宗师。以是外事纷繁，内务丛脞。夜答电函，日应会议；晨了文债，夕接学人。所至车马群归，在座英杰广聚。席上常闻挥麈，门前时有鸣驺。王乔之履舄，足健凌云；绮季之冠裳，眉长赛雪。天下尊为人间瑞，世上谓之地行仙。先生养生神定，长世器弘，和以天倪，保兹纯素。仰厥生平，已全乎三不朽；揆公福泽，必至于万斯年。云泥自远，犹蒙垂念自师；泰斗维隆，尚得分辉照我。今当池莲未晚，篱菊将开，敢因捧晕之辰，聊纪添筹之盛。藉颂无疆之祉，用赓难老之章。时维西元二零零一年岁次辛巳荷月吉日，北京大学东方学研究院暨东方文学研究中心恭祝。门生承泽退士白化文拜撰。

北京大学图书馆纪念先贤铸像铭文

莘莘多士，峨峨学宫。唯我北大，屹立寰中。
清季改制，立大学堂。近接国子，远绍周庠。
成均乍启，学校初开。待兴百务，先设芸台。
蔡公长校，髦士景从。繁荣学术，并包兼容。
筹措专款，采购新书。新聘主任，新政权舆。
章公行严，执掌檩签。前瞻后顾，推位让贤。
守常继掌，革命先驱。藏书建设，兼容互需。
马列主义，引进课堂。一新面貌，成绩辉煌。
馆刊初版，马公叔平。考古美术，列架充盈。
孟邻校座，教育名家。兼任馆长，踵事增华。
设委员会，谋划孔嘉。群策群智，群女绩麻。
袁公守和，任职年多。图书专业，经历坎坷。
东邻构衅，禹域洪波。西南联大，不辍弦歌。

严公绍诚，业务精明。抗战转徙，旧国春城。
抗战胜利，北大复员。红楼如旧，馆舍依然。
胡公掌校，首重庋藏。图书文物，满壁琳琅。
欣逢解放，北大新生。首任馆长，向公觉明。
传统文献，敦煌遗书。藏文梵语，剔抉爬梳。
院系调整，移馆燕园。燕京中法，合为一垣。
新建扩建，馆舍俨然。校园三景，海内争传。
和谐社会，日上蒸蒸。知识圣殿，几代传承。
永怀功烈，仰止高岑。荫深堂构，勒石铸金。

蔡元培（1868—1940年）

字鹤卿、孑民，号鹤顾。1917年至1927年任北京大学校长。在任期间实行"兼容并包"的办学方针，开创了北京大学历史上学术繁荣的时代。蔡元培把办好图书馆作为学校发展的重要组成部分，提出筹措款项、多购新书的主张，聘任李大钊为图书馆主任，为北大图书馆的蓬勃发展做出了重要贡献。

章士钊（1881—1973年）

字行严，湖南长沙人。著名教育家和政治活动家。1917年至1918年任北京大学图书馆主任。又推荐李大钊为继任图书馆主任。

李大钊（1889—1927年）

字寿昌、守常。1918年至1922年任北京大学图书馆主任。是北大图书馆历史上具有开创和革新精神的馆长，注意学习国内外图书馆先进经验、做法，提出"兼容互需"的藏书建设方针。在他领导下，北大图书馆逐步发展成为当时国内领先、具有重大影响的大学图书馆。

袁同礼（1895—1965年）

字守和。是国内图书馆界第一批具有现代化图书馆学知识背景的专才和学者。1923年至1926年任北京大学图书馆主任。1937年至1946年任北大图书馆馆长。1937年至1938年还曾任北大等校组成的长沙临时大学、西南联合大学图书馆馆长。

马衡（1881—1955年）

字叔平。著名考古、金石学家。中国近代考古学前驱者和奠基人之一。1923年至1929年任北京大学图书馆古物美术部主任。1929年至1931年任北京大学图书馆馆长。组织出版了《北大图书馆月刊》，这是北大图书馆历史上第一次出版的月刊。

蒋梦麟（1886—1964年）

字兆贤，号孟邻。1935年至1937年以北京大学校长职务兼任北大图书馆馆长。他很重视图书馆建设，专门成立了校图书委员会，对北大图书馆的繁荣发展起到了非常积极的作用。

严文郁（1904—年）

字绍诚。著名图书馆学家。1935年至1937年任北京大学图书馆主任。1938年至1943年任北大等校组成的西南联合大学图书馆主任。

胡适（1891—1962年）

字适之。1946年至1949年任北京大学校长。胡适一直关心支持我国图书馆事业，任北大校长期间，亲自过问图书馆事务，对北大图书馆的建设发展起到了重要的推动作用。

向达（1900—1966年）

字觉明。著名的历史、考古学家和敦煌学专家。1949年至1957年任北京大学图书馆馆长，成为新中国第一任馆长。在任期间注重中国传统文献的收藏，曾购入不少敦煌经卷及其他珍贵古籍。

中国农业大学校庆铸钟铭文

维公元二〇〇五年,岁在乙酉,清和之月,中国农业大学百年校庆。校友会发起并广泛征求全校师生代表意见,决定铸钟纪念。为之铭曰:

三农九谷,为政所先。万箱亿庾,是曰民天。
富民强国,实廪丰年。欣逢校庆,喜作斯篇:
农业匡国,成功允章。格于上下,光于四方。
春秋代序,人悦时康。造兹铭铸,庠序之光。
唯我农大,百川汇流。农科创建,我校本由。
农专农大,术业最优。农学立院,国内先筹。
东邻构衅,禹域洪波。西北联大,不断弦歌。
复员旧国,北大连柯。忻逢解放,善养嘉禾。

调整院校，辅仁同归。清华农院，来燕交飞。
华北农院，协我齐晖。新型农大，擢本兼围。
农机分立，引聚芊芊。机耕学校，华北机专。
平原农院，攒立丛骈。农大合奏，农机和弦。
硕学髦士，各育兰芝。敷言施教，春日熙熙。
郊原雨足，枝叶纷披。百花争艳，桃李盈篱。
狂飙奄至，气象阴森。芳草萧艾，万马齐喑。
民心所向，四害成擒。改革开放，万众开襟。
重整旗鼓，再踏征程。两校合并，水到渠成。
和谐社会，茂野春明。翰林挺秀，学海滋英。
十名院士，教授近仟。十三学院，九大学渊。
博士硕士，学位授权。体系完整，能者广延。
百年立校，百年求知。基础科学，特立冠时。
应用研讨，多种分支。效益深广，民生攸资。
十年树木，百年树人。育材数万，服务人民。
百年传统，大地耕耘。扎根群众，爱国立群。
进德修业，无失其时。鼓钟振铎，宣我教辞：
校风明训，深入人心；团结朴实，求是创新。
校训溥哉："解民生之多艰，育天下之英才。

文昌院记[1]

九重门内，万寿山阳；宝藏库成，文昌院建。背倚芳亭，遥接银阙；近瞻云树，远溯沧桑。画栋雕栏，虽非旧馆；曲廊复室，或认新题。因时定法，即事敷宣；物力十朝，经营百事。参伍错综，选择排比，巨纤咸备，美善毕臻；斯则综合展厅也。翰墨云霞，丹青岁月；斯则书房展厅也。铜爵金盘，象尊牛鼎；铜器展厅所陈也。青气白虹，琼华瑶蕊；玉器展厅所陈也。青花五彩，沉瀁中宵；瓷器展厅所陈也。至宝神工，奇器绝妙，杂项文物展厅所陈也。始营多著辛劳，继踵或资改益。来游者观摩有今昔之嗟，进化考推迁之故。放眼超乎尘世，昂头尚矣古人。以旅游残步，寄史鉴深思。不亦乐乎！

---

[1] 《文昌院记》，系铜制刻辞，立于北京颐和园文昌院前。

承泽副墨

灵山赋

佛应西乾,经来东土。法兰入汉,僧会游吴。远溯沧桑,江南多烟雨名蓝;钟兹灵秀,马山建祥符禅寺。辉流大地,旭照高峦。支脉蜿蜒,层岩拔起。绝顶疑藏龙虎,中流隐见鱼龙。堪称般苦胜境,兜率巨观。虽法难荐臻,"文革"湔洗;而时逢再造,世无久虚。重振法海波澜,再现禅林闳奥。塔影迎帆,经声出院。领导常资妙善,当局以赞隆平。

山下寺前,菩提大道。广场布置,略示因缘;周边安排,综核纪传。花开见佛,示现诞生。七步经行,九龙灌浴。出家苦修成道,觉树变相降魔。住世说法五十载,于今沾溉亿万人。西土慈氏传薪,中原契此演化。百子绕膝,一袋随身。传衣有托,弘化攸归。阿育王竭诚拥护,回向佛乘；狮子柱耸立云天，皈依正法。七叶接山，示真实相；五智书额，开方便门。

赵朴老莅临，躬亲擘画；吴总持创意，统众施行。八十八米东方大佛，矗立高峰。背倚青山，俯瞰朝盈夕散之信女善男；前临震泽，通阅膜拜随缘之僧人居士。群迷陟峰嵘以望寥廓，攀迢递而见高深。复以大众之勇从，新建环峰之宝刹。

从空堆玉，宝塔玲珑；尽地布金，梵宫绚丽：广阔门庭，堪容信士千人之入；高深栋宇，势压香客万众之哗。廊厅邃岸，藻井昂霄。壁画极雕镂之工，飞天现穿窿之美。万象尽罗，形成大千世界；法轮常转，勾勒历史巨图。诚乃八部天龙拥护之区，诸佛菩萨示现之处。不二法门，综显巍峩气势；三大部派，分拥特色厅堂。兼摄西方古建容仪，不失汉化佛寺矩墨。圣坛妙音堂，万千气象；演示吉祥颂，震撼心灵。更辟会议专区，第二届世界佛教论坛，两千位嘉宾代表，会集于斯，同祝世界和平，法门鼎盛。于时千灵辅佑，百福庄严。莲花座上，飘三界之异香；蕃葡园中，沛一天之法雨。

灵山胜境，地灵人杰，善信充盈。土木继兴，殿堂四起。尚有曼飞龙塔、五印坛城、香水海等，大力鸠工，加紧建设。更移赵朴老无尽意斋自京华，立乡贤丁仲怙纪念堂于峰侧。古道可风，亟应宣导。

为之辞曰：

昔叹坏空，今为成住。香殿崛起，涌塔化成。
采彼七珍，崇斯六度。飞花翔路，慈雨沾楹。
金像炳明，东方现瑞。周回百步，直上千寻。
一振传灯，端推临济。环峰表刹，带水披林。

时维佛历二五五四年燃灯佛圣诞之日，钝根执迷人顶礼谨叙。

大唐三藏大遍觉大师游学天竺那蓝陀寺纪念碑碑文

鹫头岭上,世尊开立教之宗;鸡足山中,迦叶表传心之旨。大雄西降,佛法东传。摩腾入汉,僧会游吴。化人有赫,弘道无边。大唐三藏大遍觉大师玄奘法师,其最著者也。法师俗姓陈,唐洛州缑氏县人也。家承令望,门袭仁风。幼习儒经,长饫佛典。莫不抠衣请益,夙夜精勤;触目无遗,口耳并匪。时值兵饥交至,投庇唯僧。于是被剃澄心,水云泛迹。修身戒律,练志菩提。巡礼名山,参学高座。维以玄机深缈,正觉希夷;思慕西天,永怀净境。遂以贞观三年杖锡遵路,犯险终达。其间往来亲践者一百一十国,传闻者二十八国,目晓耳闻其间物产风土之差,习俗山川之异。归作《大唐西域记》一十二卷,其为中印历史地理文化交流百科大典，世界文化名著，殆无间言。奘师游学，转益多师，栖迟名寺。那蓝陀寺，其最著者也。《大唐西域记》卷九详载那蓝陀寺建寺由来、沿革、当时盛况。《大慈恩寺三藏法师传》卷三所载从同。今中印载籍所传，莫有逾此者也。据所记，是时僧徒主客常有万人，并学大乘兼十八部，爰至俗典《吠陀》等书，因明、声明、医方、术数亦俱研习。凡解经、论二十部者千余人，五十部者十人，唯戒贤法师一切毕览，德茂年耆，为众宗匠。寺内讲座日百余所，学徒修习，不弃寸阴。奘师于此听戒贤法师讲《瑜伽》三遍，《顺正理》一遍，《显扬》《对法》各一遍，《因明》《声明》《集量》等论各二遍，《中》《百》二论各三遍。其《俱舍》《毗婆沙》《六足》《阿毗昙》等已在其他诸国各地听毕，于那蓝陀寺寻读决疑。此寺时为唯识论派中心，其后演化而成密宗一大核心。中国游学名僧，尚有义净、道琳、玄照、道生、智弘等；天竺来华之曾修学于此者，有善无畏、金刚智等。奘师于此造《会宗论》《制恶见论》等，讲论不辍。贞观十四年，奘师以暂栖灵境，频历岁时，愿遂初志，于是告别那蓝陀寺，湍返中华。途经曲女城，因戒日王之请，讲述《制恶见论》要旨，竖立"真唯识量"论式，破除异见，折服外道。大乘上称号"大乘天"，小乘赠美号"解脱天"。奘师屡经星纪，弥历苦艰，虚往实归，先难后获。归国后一以翻译经文为务，智光远照，惠泽遐流。今有金陵刻经处纂辑《全集》行世。奘师之为中印文化交流使者，世界文化伟人，亦无间言。丰碑初立，为之颂曰：

乾坤正气，河岳英灵。民族脊骨，开士典型。
天竺求法，东土传薪。名王率顺，外道咸宾。
京都际会，著译真虔。鸿名传后，懿德光前。
和谐中印，贞石高崇。慈光永在，依恋无终。
　　　　佛历二五五零年观世音菩萨圣诞吉日

（此文为当时应相关人士之请而作。当事者云，为立碑于那蓝陀寺遗址所用。送往之后，寂然无闻。敝帚自珍，附录于此，以存鸿爪。）

承泽副墨

七塔报恩禅寺新建山门牌楼落成记

　　经来西土,运流东方。皈依等觉,岁月二千;回向佛乘,丛林万所。标举宗风,入仁祠展归向之心;扶轮法事,建祇园表肃恭之意。化为净土,洒甘露于大千;延接德众,照慈灯于亿劫。信士常资妙善,当局以赞隆平。昭代重兴七塔报恩禅寺,盖以是也。方丈可祥法师,临济真传月西老和尚高足。幼悟真空,早标定慧。欣逢盛世,弘阐宗风。人天共证,领袖绀园;缁素同归,庄严鹫苑。法事隆兴,殿堂轮奂。寺内全面翻新,基本告竣。山门新建,提上日程。领导支持,专家献策。统一规划,全面调研:需满足启闭并景观功能,应显示壮丽与巍峨气势。良材致用,高工效奇:辨方审曲,测景立基。善择梁栋,巧用钧绳。拓址峻堉,量材增构。周回百步,直上千寻。望佛地而掩高深,陟金阶以探寥廊。内则香殿崛起，前即涌塔化成。璀璨翕赫，挺拔深沉。振法海之波澜，接禅宫之阃奥。近观闤阓，街巷千家；远瞰林峦，烟波一发。门额朴老大德手书，联语可祥方丈亲拟。烘托映衬，巍峨庄严。斯诚表章全寺之一大建筑也。形之所极，理亦在焉。谨按佛典："山门"亦称"三门"，禅宗伽蓝立为正门者是也。于佛法象征智慧、慈悲、方便三解脱，通称空门、无相门、无作门者是。或说象征信、解、行，亦备一解。总之，入山门即佛地。信众望门投止，当修净土，勿忘皈依。

  时佛历二五五一年，岁次丁亥，准提菩萨圣诞之日，北京大学教授颐和退士白化文顶礼九拜谨叙。

承泽副墨

七塔报恩禅寺记

佛应西乾，道通天地；法流东土，恩达尘凡。教义大隆，仁祠广树。虽灵光上际，应身入涅槃之境；而慧日旁临，梵宇遍中华之区。甬东财物阜充，人文渊蔚。南方都会，绵亘通津；唐代肇兴，巍峨宝刹。

大中戊寅之岁，心镜大师前驱觉路，兆启丛林。大师法名藏奂，降灵吴地华亭。早明佛性，夙悟真空。统汇五叶，萃于一花；光衍列祖，上承六代。杯渡西江，锡飞东甬。檀越任公舍宅建寺，迎以居焉。颜曰"东津禅院"。排疑信士，正色兵威。郡中奏请，改禅院为"栖心寺"。斯乃本寺之经始也。宋额"崇寿"，明号"补陀"。清初寺前因立"七塔"，口语传播渐多。前后数百载，先极祇园香火之盛，后经红羊劫难之残。

中兴本寺慈运大师，参临济之正法，得普洽之真传。

担当在荒废之余，主持于凋敝之际。扫尘封之道场，蓁芜已久；修多罗之妙典，函匦仅存。佛事焕成，丕振宗风；天时默定，请领《龙藏》。敕赐嘉名"报恩禅寺"。此后文白兼用，雅俗结合，常称"七塔报恩禅寺"。此乃今日寺名之肇始也。选佛场开，宗风嗣阐。法子四十八人，法派蔚成，衣钵绵衍。化流海外。道播寰中。根深枝茂，源远流长。

　　昭代开国全盛，天祚维新。法侣腾欢，人民乐业。讵意逆潮迭起，浩劫俄临。所幸时逢再造，肃杀尽而繁华来；世无久虚，法鼓奏以英豪至。重兴本寺月西老和尚，当大教暂微，而夙志无替。世历横流，人坚劲节。期于兴废举坠，慈航津逮；继往开来，梵宇灯传。所赖"三中"作主，重焕寺容；四众同心，再兴香火。僧人拥护，政府支持。重理颓垣，再兴法事。

　　道有赖于箕裘，法必资于龙象。老和尚生西，入室高足今方丈可祥法师。法师灵慧夙持，法缘早启，识量冲和，风神雅静。外示常迹，内修宿和。克思教泽之深，式念慈荫之厚。搴提祖印，嗣阐门风。激扬群彦，统领法门。两代经营，卅年积聚。重修圆通宝殿、三圣殿、钟楼、综合楼等，辟建"栖心一览"文物陈列室，重建东厢房，新建鼓楼；创办七塔佛学文化网站与《报恩》杂志，修订重印《七塔寺志》，编辑出版《七塔禅寺五百罗汉图》等书籍。

　　专以土木而言，著见沧桑虽有变易，栋宇又复庄严。寺宇光华，门房伟丽。飞檐振景，结栋凌霞。迅若化城，俨同兜率。近更改建山门牌楼。既立三门，后镇层楼；又象双阙，旁耸连阁。背倚殿堂，俯瞰朝盈夕散之人；前望阛阓，遍阅朝宗聚落之众。岁居丁亥，时值河清；自今法炬方辉，山门永振。松膏常继，殿堂显明焕威仪；桂魄高悬，天地尽琉璃世界。僧众静参三昧，佛光普照十方。七众心赏胜迹，目骇奇功，佥以当刻丰碑，用光盛美。

愿言有述，以属无能。承命述作，谨按《寺志》所载，勾稽连缀成文，幸世之君子垂览焉。

佛历二五五一年观世音菩萨圣诞日，颐和退士白化文顶礼百拜谨叙。

天寿陵园叙

龙脊云根,蟒山虎峪;地灵有待,天寿斯安。居岗环阜抱之区,当凤翥龙蟠之地;带太行而襟渤海,主乾位以广人财。陵开园辟,望京枕塞之乡;乾高巽低,聚气藏风之处。于是鸠工建设,破土经营。今已建成"十八景"。著者计有:佛光指引,弥勒听琴,金莲泉涌,玉盘溢珠,慈航普渡,天使圣堂,天成荷韵,故土坛高,等等。夫惟古先垂训,敷宣上承祖祢之风;圣哲修身,策励下广子孙之孝。意在考本寻根,承祧衍庆;体道传芳,慎终追远。斯则陵墓安而碑铭立,谱牒建以史籍书。勋华留后代之思,精爽寄空山之域。斯乃天寿陵园服务之宗旨也。嗟乎!生为役使,死则憩休。生特立于当世,死同宅乎一丘。随阴阳以融冶,托山野而同畴。为之辞曰:

终于天寿,高谢尘乡;一辞昭世,永閟玄堂。
故交凄楚,新识悲凉;长传徽烈,万古流芳。

丁亥之岁,中和之月。颐和退士白化文谨叙。

周绍良先生夫妇之碑碑文

周绍良先生夫妇之碑

秋浦周先生暨德配东海沈夫人，俊德天钟，徽音地协；朱张世胄，王谢名门。周先生家学世传，通淹文史；究其大者，厥有多端：曰红学，曰佛学，曰敦煌学，曰唐史学，曰石经学，曰宝卷学，曰文物考订之学，曰小说考证之学，曰古代墓志之学，曰制墨专门之学。无不尽决旧藩，独标新帜；结预流之果，成独到之篇。先生服务社会，任全国政协第七、第八届委员，中国佛教协会副会长兼秘书长，国家古籍整理出版规划小组顾问，文化部文物鉴定委员会委员。沈夫人襄赞先生七十年，内外佥称圣善，儿孙仰望温慈。相携齐登上寿，奄至耄耋同归。子女凝悲望景，刊石表德。铭曰：

　　前临普渡　　后倚青山　　万佛同佑　　明月松间

　　游兆淹茂之岁上巳，先生冥寿之日，受业颐和退士白化文顶礼九拜谨叙。

阎中雄之碑碑文

府君讳中雄,北京市人。一九三五年十一月生。一九五八年毕业于河北大学历史系。于历史、考古学界工作垂四十年。二零零零年五月八日病逝。嫠家施学珍携嗣子、孝女等,悲切凋松,痛深陟岵,敢树徽猷,勒兹玄户。词曰:

家积善庆	天钟粹和	唯我府君	磊落英多
令姿玉立	凤誉金声	成童游艺	弱冠孝恭
少爱艺术	长攻史书	博观约取	钩稽爬梳
冲襟弘度	茂学清词	深怀创见	富蕴真知
多任繁剧	不避艰辛	淡泊荣利	质朴率真
逝波不息	造物无情	式遵遗训	永志佳城

承泽副墨

傅亨墓表

家衍世胄	是育斯人	荣敷华茂	步武英尘
唯君奇伟	天与精纯	德优才敏	勤到功醇
专攻晶体	旁擅多能	鸿陆方渐	龙门早升
品行儒雅	风矩端凝	刚柔在己	舒卷从朋
松声萧瑟	垄色苍茫	贞石永立	不朽传芳

公元一九九八年八月二十八日立

【附记】傅亨学长是傅作义将军之子。1946年起，与我在北京育英中学高中同学两年多。高一时还在丙班同班。高二时，他上了甲班，我在乙班，就不同班了。即使同班，几乎也没有接触。1949年至1953年，傅大学长在北大化学系攻

傅亨墓碑文近照

读，我念的是中文系，更没有往来。倒是与从初中起一直同学的，后来又与傅亨在化学系同班的倪葆龄（现北大化学学院退休教授）、程述武（北京钢铁学院退休教授）处得熟些，那二位是从小拽小皮球、弹球的朋友。与傅亨简直就是不认识了。傅亨逝世，倪葆龄派我写墓表，不敢辞，因述其大略如上。表文受字数限制，但取辞达而已。

承泽副墨

重修国氏族葬墓表

国氏为武清大族。清季，高祖瑞公观光人海，因家焉。繁衍六代。一九五五年始启旧茔迁此。一九九八年重修，立碑以记：

唯我高祖　偃息帝乡　德行显耀　自立一房
唯我曾祖　外和内刚　贤良方正　后嗣丕彰
唯我先祖　善行仁滂　常怀济世　令问不忘
唯我考妣　朴厚端良　风雅翰墨　邦家之光
深怀世德　遥想遗规　松槚葱郁　子孙长悲
今当上垄　齐集于斯　缅怀宗系　刊石树碑
千秋万代　贞石不移　国家鼎盛　族姓绵垂

公历一九九八年清明月吉日立

孟二冬之碑碑文

一九五七年一月十二日—二零零六年四月二十二日

　　孟二冬，安徽宿州人，中国共产党党员，文学博士，北京大学中文系教授，博士生导师。一生献身教育，从事中国诗学、南北朝与唐代文学、唐代科考等教学与研究，成就杰出，著作等身。支教新疆期间，宿疾突发，病倒讲坛，终至不起。生前荣获"全国共产党优秀党员""全国模范教师""全国五一劳动奖章获得者"等称号。胡锦涛总书记评为："为人师表，品格高尚。"称之为"教书育人的杰出楷模，当代中国知识分子的优秀代表。"铭曰：

揭竿故地　诞育新英　品第通显　头角峥嵘
幼敏才情　早耽文史　济济学林　熠熠国子

承泽副墨

文心富赡　学识渊通　录题雁塔　补正积功
教育楷模　中华英杰　魂兮归来　表兹峻碣

二零零七年　月　日　耿琴率女孟菲敬立

附 录

百氏菁华副墨传（原书自序）

"文章是自己的好"。可是年轻时，对自己写的稿子却不大收拾。认为将来还能写出比这些强得多的呢！

慨自朽人自北京大学退休以来，端居多暇，不免回头观看，发现咱家的能耐不过如此。马戏团淘汰的老狗熊，玩不出什么新花样啦！塌下心来整理书稿，慢慢地冒出一些敝帚自珍的心理，想一想，印出来看看也不错呀！

秋禾同志与我旧有课堂观摩之雅。他一向十分照顾朽人，遇见事由就想着提携在下。朽人向他倾诉了出书的瘾头，他就忙活起来。本来，以为这是有一搭没一搭的事，办成的可能性等于零。

没想到，没到半个月，他就报捷催稿啦！真神呐！

以下，汇报有关本书的情况如下：

首先,解释书名。书名是《承泽副墨》。

"承泽"指的是北京大学家属宿舍"承泽园"。这可是老北京西郊名园之一,许多书上都有记载的,不赘述了。

当然,今与昔大不相同,咱们已然住的是楼房,经过大修的旧园林之一部分,蜷缩在园子西北角,新旧对比,颇为鲜明。当然,"名园承泽仙乎隐""爽气西山望里青",何修得此!只有天天感念党和人民的赐予啦!

于是,酸腐之气大发,退休之后自称"承泽退士"。其解释见本书第四辑中《〈退士闲文〉解题》,兹不赘述。

"副墨"呢?咱是由《汉语大词典》上"下载"来的,且"拷贝"一份出来看看:

> 指文字,诗文。《庄子·大宗师》:"闻诸副墨之子。"王先谦集解引宣颖云:"文字是翰墨为之,然文字非道,不过传道之助,故谓之副墨。"……清金农《访韦隐君用良山居》:"……百氏菁华副墨传。"

朱自清先生文集中有"诗多义"一文,我借来断章取义,谬解以上引文:朽人写的只是文字,自己没有什么"道","助"传的乃是诸位大名家的"道"。这是一解。

诸位大名家即"百氏",他们的著作当然都属于菁华,我不过应用文字来勉力表达一下学习体会于万一罢了。这又是一解。

总而言之,《承泽副墨》者,"承泽退士"试写的企图阐明或说希望表扬诸位大名家的优秀著作的小文及相关的文字而已。

其次,说明本书的内容。此书分成四部分:

第一部分是《读书与随笔》,以书评文章为主。

20世纪60年代初,刘世德学长派我给陈贻焮先生的《王维诗选》写一篇书评,登载在《光明日报·文学遗产》之上,那是鄙人写书评的发轫。此后沉寂多年,直到1986年才又动笔。十五六年来,大大小小的篇幅,也写了百十来篇。现在挑出几十篇,集在一起,以便就正于读者。愿借此报告:这些篇都是"遵命"写作。

我系孟昭晋教授前几年开过"书评研究"课程,用的是解放前萧乾先生出的一本书当教材,可见,此种书有点断档。教科书是旧的,新的书评资料应该说报刊上所载多有,可是也没挑选出一批来。他知道我常写书评,曾叫我去讲几节课,咱没敢去。

我直率地对他说,据十几年的写作经验,讲课、写讲义、编书,跟实际上的写作是两码事。许多内情,在课堂上是讲不了的。剪断截说吧,写书评是"五方四面"的事。"五方"是:执笔者,著作人,出版社,答应刊登的报刊,最后才是读者;"四面"就是:除了读者以外的那四方面。在下从来没有投过书评稿,全是约稿。

著作人有愿望,出版社有要求。咱首先是为这两家办事的。不管两家谁来约,都得尽可能把两家的意图都摸一摸。咱们载的可是人家的"道"啊!文字上闪展腾挪,可就是咱们的事了。

那不是"曲学阿世"嘛?唯唯,否否,不然。留给咱们的回旋余地还大着哪。看出不成的作品,千万别接"书评"的活计,就是最重要的先机一着。如果到了非写不可这一步,其中的深沉可就难以尽言了。

写作前,更重要的一步,是和第四方即要登载的报刊联系好。若是著作人和出版社代为说定了,那是最好的了。写完了送给他们就是了。要力争这么办。一般说,在下以此为写作必要条件。您说,让早已过了气的朽人自己去投稿,非撞南墙不可。尽可能别应自行投稿的差使。

到写的时候,可得把尺寸量好:相度好报刊篇幅,不可下笔不休。要知道该报刊的风格、脾气,比照人家发稿的成规,照猫画虎,按着葫芦画瓢。"文章中试官",这里面的深沉也大。

最后,咱们的文章总得有点自己的观点、想法,在遣词造句上有与众不同之处,还要有动人之处。不然,没人登,登了也没人看。自己的道儿就越走越窄喽!

书评乃是小道，可是也不容易走啊。朽人走了十多年，析文字于微茫，几人知己？唯愿读者鉴知且垂教焉。

我于此补充说明一些情况。一方面，我原来的编排分为三大部分，一是"书评"类；二是"序言"类，又分散文体裁序、骈体文序、骈体寿序与小启、自序四小类；三是回忆性质的文章。应"六朝松随笔文库"的统一要求，主编代为编排成四辑，成为现在这个样子。在下是无可无不可之人，也就客随主便了。各篇文字原来的题目，尤其是书评的题目，原多为正、副两个标题，也因与"文库"体例不合，承他们代为改削。当然更是客随主便啦。

还要在此说明一个当代青年人容易误解的问题，即函件中的某些称谓。

大致的说，姑且就说清末、民国年间直到当代的一些知识分子吧，老一辈的传统，在写信、赠阅书籍时，习惯性的客气称谓，是称自己的学生一辈的为"兄""贤弟"等。自己低一辈，只是谦虚。长辈自称只需签名便可，老气一点则加个"愚"字，等等。解放后，老师一辈的还时兴称学生一辈的为"同志"。此书中附有若干实例。读者万勿认为老师们和笔者真的是平辈也。至于岁数差不了多少，大体上算是平辈的，如王尧和我，因为是大同乡，互称"乡兄"；同学，如程毅中和我，互称"学长"，等等。

总之，平辈而简单地称兄道弟，是很容易引起误会的。

我为避免此失，常用通俗的称呼如"老哥"等，或用对方的职称、职务来称呼。起码也得叫声"吾兄"，以示平等对待也。

第二部分为《敦煌与佛教》。

第三部分主要是"前言""序""弁言""小引"之类，题名虽不同，都是写在书的前面的。又分为两小类。

头一小类是给著作人的大著写的，说白了就是给人家写的。按文体分，又分为白话文和骈体文两种。

第二小类是"寿序"和"征文小启"。

在下应邀作序二三十次。这是个苦差事，一因很少能看到著作人的绝大部分原稿，二因催稿急。按说，序言与书评有其相通之处，其实前者更难写。除去书评要考虑揭载报刊那一方在写序言时不计，其余各方全得照顾到了。用骈体，正是"空城计"弄险一着，表面看似乎走钢丝，实则空荡荡，好办。

第四部分为《自序与漫忆》，本不在原计划之内。

在下从1982年至今，编写（包括与人合编）出版单行本书籍约30种，差不多全有自序。有的自序专业性忒强，一般读者不一定爱看。这里选登的都是有点自己的想法的，可又比较浅豁的。附带报告：下走从不请人为拙作写序，因不敢藉名家以自重焉。

另承秋禾君的美意，他叫我"写一篇一万字左右的治学道路回忆录，一起编入本书"。可怜我哪有什么"治学道路",给我天胆也不敢写呀!可是,更不敢违命。

姑且用取巧折中法:把以前写的几篇小文串在一起,尚可见朽人五十多年来求学的雪泥鸿爪。可能不太连贯,线索却还可找到。您凑合着看吧!

以《人海》一篇打头,意在说明:在北京这个文化城中,学习研究任何学术,都可觅同行、知音。像北京、南京这样的古都,人才聚集之地,文化学术气氛浓郁,只要做个有心人,持之以恒,"熏"也能熏出点学问来。

最后,请允许我向组织出版本书的秋禾君、雷雨先生、卢冬梅女士,以及"六朝松随笔文库"编委会暨出版社诸执事,表示我意重言轻的感谢!

没有他们的创意、安排和不懈努力,我是连做梦也梦不见这本集子居然会出现在读者面前的。至于它的命运,它应遭受的批判,那肯定是由读者来掌握的了。

二〇〇二年一月十二日,北京大学承泽园

承泽副墨

《白化文文集》编辑附记

　　白化文先生各种著述方式的著作，出版的有十几种。此次出版文集，白先生主要选择了其中十一种，按出版年代先后，分别是：《汉化佛教与佛寺》（1989年台湾初版，书名为《佛光的折射》；大陆1989年初版）、《古代汉语常识二十讲》（1991年初版）、《闲谈写对联》（1998年初版，书名为《学习写对联》；2006年再版）、《汉化佛教法器与服饰》（1998年初版，2015年再版）、《承泽副墨》（2002年初版）、《三生石上旧精魂》（2005年初版）、《人海栖迟》（2005年初版）、《汉化佛教三宝物》（2009年初版）、《北大熏习录》（2010年初版）、《退士闲篇》（2011年初版）、《敦煌学与佛教杂稿》（2013年初版）。

此次编辑文集，以原书名为题分集，有的保持原貌，有的进行了一定调整。大体情况如下：

出版较早且风行已久的几种，一仍其旧。如《汉化佛教与佛寺》《汉化佛教法器与服饰》《古代汉语常识二十讲》，完全保持原貌；《闲谈写对联》附录了一篇原在别书的《联语小集》；《三生石上旧精魂》因篇幅关系，调入了其他书中关于佛教的几篇普及性的文字。

另外几种，出于各集均衡以及内容集中的考虑，调整相对较大一些。前者不言自明。后者，诸如——

《敦煌学与佛教杂稿》在诸书中篇幅最大，有一些怀人的文字，也有一些较为通俗的文字。编辑时，主要是集中敦煌学和佛学两方面学术性较强的文字，通俗性文字则予以调整。其中，《什么是变文》一篇则源自白先生与周绍良先生合编的《敦煌变文论文录》（1982年初版）。

《北大熏习录》也是篇幅比较大的，编辑时主要保留与北大相关的文字，其他则适当调出。原来的分辑也做了调整。

《人海栖迟》，内容主要关涉北京（所谓"人海"），故而也调入了一些别书的相关篇章，主要是怀人、记事的，也包括有关北京的书籍的文字。

《承泽副墨》主要收录"阐明或说希望表扬诸位大名家的优秀著作的小文及相关文字"，"以为传道之助"。编辑仍旧本此宗旨，除调出几篇关于北京的人和事的文章，主要是把别书中寿辞、碑文都集中调整了过来。分辑则是将序言与自序合为一辑，另增一辑"寿辞和碑文"。

《退士闲篇》，因与《三生石上旧精魂》有几篇重复，因而主要是调出；同时调入了一篇适当的通俗文字。

《汉化佛教三宝物》是新世纪结撰的佛教普及读物，由于较早出版且很受欢迎的两种佛教读物内容上有重叠，因此没有作为专集。此书独有的几篇文字，则编入适当的集子；《汉文印本大藏经》一文，也采用了此书经过修订的同题文字。

原著的序言（或者前言等），包括他序与自序，一律保留，并作说明。

原书有的分辑，有的不分；有的则在分辑之下，目录中又以空行标示区划。此次整理，绝大部分保持原样，个别的作了一些整合。

除了篇目调整外，此次编辑，更多的是按出版规范要求进行技术处理，尤其是涉及诸多方面的全书规范的统一；当然，也改正了原书存在的极个别的误植或失误。

白先生的著作，大多有丰富的插图，有的是说明性质的，与内容紧密关联；有的是附件性质的，但却有可贵的资料性和观赏性。此次编辑，尽可能地原图照录，同时删除部分意义不大且清晰度较差的图，也补充了一些切当的新图。

鉴于水平所限,编辑中难免有偏颇或挂漏之处,审校也会存在疏忽不审,敬请专家和读者批评指正。